Ex Libris Bibliothecæ quā Illustriß Ecclesiæ Princeps
D. PETRVS DANIEL HVETIVS

XXII. I

L'HIACINTE
DE MONSEIGNEVR DE BELLEY.

Histoire Catalane.

Où se voit la difference d'entre l'Amour & l'Amitié.

A PARIS.

Chez PIERRE BILLAINE, ruë S. Iacques, à la bonne Foy, deuant S. Yues.

M, DC. XXVII.

Auec Priuilege du Roy

A MONSIEVR

DV FARGIS, COMTE DE LA ROCHEPOT, ET Damoiseau de Commercy, Ambassadeur pour sa Majesté tres-Chrestienne aupres du Roy Catholique.

MONSIEVR,
Ie serois vn ingrat si pour tant de faueurs particulieres que ie receus de vous en mon voyage d'Espagne, je n'en faisois vne reconnoissance publique. A mon retour de Madrid où

EPISTRE.

je feus si humainement & si honnorablement receu en vostre maison, je reuins en ma residence par la sacrée Maison de Mont-serrat, lieu de grande saincteté, & principal sujet de mon pelerinage. J'appris en passant par la Catalogne, cest euenement que ie descris en ce liure, & que je vous offre comme vn fruict du pays où vous auez rendu à nostre grand Monarque & à tout cet Estat des tesmoignages si signalez de vostre prudence & de vostre courage en des temps si difficiles, que si la France ne reconnoist vostre vertu, j'oseray dire ce mot hardy, qu'elle ne merite pas d'estre seruie. Aussi que pouuoit faire que de genereux le sang du Danois Auger, continué par tant de siecles au tres-illustre lignage d'Angennes, rendu fameux

EPISTRE.

par tant de Heros recommandables par la Pieté, les Armes & les Lettres, que c'est vouloir nombrer les estoilles que d'entreprendre de rapporter leurs noms. C'est vne grande gloire d'estre sorty d'vn si bon tige, mais plus grande d'en estre vn si digne rejetton comme chacun vous reconnoist. Vostre valeur n'est ignorée que de ceux qui sont estrangers en l'vne & en l'autre des Monarchies que les Pirenées separent, & la connoissance si vniuerselle que vous auez des sciences les plus cachées & les plus polies est telle, que ce que vous ne sçauez pas est cognu de peu d'esprits. Face le Ciel que vostre retour soit receu auec des lauriers & des loyers dignes de vous. Mais quelques grands qu'ils puissent estre, ils seront tousiours au

EPISTRE.

dessous & de vos trauaux, & des souhaits,

Monsieur, De

Vostre tres-humble
seruiteur.
IEAN PIERRE, E. de Belley.

AVANT-DISCOVRS.

PArmy les compositions des Pharmaciens, la confection d'Hiacinte tient vn rang notable; entre les proprietez que luy communiquent les simples dont elle est assaisonnée, elle a celle-cy d'estre fort pectorale & cordiale; mon cher Lecteur, l'Histoire que ie te presente en ce liure est vne vraye confection d'Hiacinte, car elle ne traicte que du cœur & du plus noble de ses mouuemens, qui est l'Amour. C'est la Reyne de ses passions, à celle qui comme vn premier mobile donne le bransle à toutes les autres. Et tout ainsi que l'ame est la vie du corps, l'Amour est la vie de l'ame, selon que dict l'Escriture sacrée, Qui n'aime point est en la mort & en cela nous connoissons que nous auons la vie si nous aymons nos freres. Cette dilection est le comble de la loy & des Prophetes, qui ne cōmande, qui ne preschent qu'Amour: C'est le lien de perfection, dict l'Apostre, & pour parler auec S. Augustin: L'Amour bien ordonnée est vne serenité de l'ame, vne tranquillité de l'esprit, vne simplicité de cœur, vne vnion de volontez, vne societé paisible. C'est elle qui leue les rancunes, qui dissipe les contentions, accroist les coleres, dissoult les discordes, reconcilie les ennemis. Que celuy qui la tient la garde soigneusement, qui l'a perduë tasche de la recouurer à la recherche, parce que celuy qui en la mort sera trouué sans elle sera mesconnu par le Pere Eternel, des-herité par son Fils, & rejetté du S. Esprit. Soyons donc fort soigneux de conseruer parmy nous vne grande vnion d'esprits par le lien de Paix, & le Dieu de Paix & de dilection sera tousiours auec nous. O qu'il parle bien, cét excellent Pere de l'Eglise, & que son discours est conforme à nostre dessein. Car le but ou bat toute cette Relation, n'est autre que d'introduire les ames simples dans les coliers de l'espoux, & d'ordonner en elle la reigle de la Charité. Les Scolastiques parlans de l'Amour, le distinguent en Amour de conuoitise & Amour d'amitié par de tres-belles raisons que nous auōs rapportées autre part. Icy seulement je pretends faire voir dans les deux exemples enchaisnez en cette histoire Catalane, la iuste difference qui est entre l'Amour & l'Amitié : Parce que dans l'humaine societé & dans la conuersation ciuile, cette mes-intelligēce apporte beaucoup de confusions, & tel pense cueillir du persil qui amasse de la ciguë, & recueillir du miel composé d'herbes salutaires qui prend un rayon succé sur l'acoint. Icy le change n'est pas seulement comme en la chasse un esgarement & une perte de temps, mais une perte de soy mesme. Qui craint Dieu, dit le Sage, aura une bonne amitié. Qui en bastit sur un autre fondement que celuy de la vertu, fabrique sur le sable, & qui met sa confiance en l'homme & en l'amy du siecle, s'appuye sur un baston de roseau. La contagion en cette matiere est infaillible puisque toute amitié consiste en communication, & telle qu'est cette communication, semblable est l'amitié. Mes amis, dict un grand Apostre, ignorez-vous que l'amitié de ce monde est ennemie de Dieu, & que ceux qui y veulent faire des amis se rendent ennemis du Createur: Ceux qui veulent plaire aux hommes, dit le Psalmiste, seront confondus; parce que le Seigneur les aura en mespris. Ie ne serois pas seruiteur de Dieu, dit le Vaisseau d'élite, si j'aggreois aux mortels. Le Sage en ses amitiez comme en tous ses autres deportemens, va comme les Astres dont le mouuement naturel est retrograde. Les plaisirs, les interests particuliers ne sont point les fondemens de sa Bienueillance, mais la seule vertu qui ne seme point auec elle, ne moissonne rien, c'est perdre que de ne recueillir point auec elle, il ne faut pas s'estonner si ceux qui iettent des semences de vent, font vne moisson de tourbillons & de tēpestes. Les perles qui se forment au bruict des tonnerres sont creuses & vuides, & n'ont que l'apparence de perles: La plus part des amitiez du monde establies sur des desseins particuliers que les passions enfantent, sont de cette sorte. Aussi ne sont-ce que happe-lourdes, que doublettes qui ne trōpent que les moins aduisez. Nous tenons de la tradition des anciens cette parole du Redēpteur, Soyez bons monnoyeurs: qu'est-ce à dire, Soyez bons mōnoyeurs, sinon essayez bien si la mōnoye des vertus dont vous trafiquez en attēdant que le grand Maistre vienne pour ouïr vos cōptes, est de poids & de mise. Gardez de vous charger de billō & de faux aloy. Garnissez vo² de ciseaux, de creusets, de pierres de touche, de balāces, pour reconnoistre à la coupelle, au feu, à la couleur, au iuste poids si elle pourra auoir cours au pays où vous tendez. Cette monnoye c'est le cœur duquel Dieu regarde l'image & la suscription; car il ne veut l'hōme que pour le cœur, ny le cœur que pour l'amour: si bien que l'Amour est le seul metal qui gaigne le Ciel & qui y a entrée. Quand ie dōnerois toute ma substāce aux pauures, & mon corps aux flammes, dict le Docteur des Nations, si ie n'ay la Charité, ie ne suis rien qu'vne cloche sonnante, vne cimballe qui tinte. A raison dequoy le Sage nous crie, Mettez toute sorte de gardes autour de vostre cœur, car c'est de là que procede la vie & aussi la mort selon que dit le S. Euãgile, que du cœur sortent les fornications, les larcins, les adulteres, les homicides, qui sont toutes ordures de tenebres & de mort. Je viẽs donc icy apporter du fumier à la racine de cét arbre, afin qu'il porte de meilleurs fruicts, & qu'il ne soit pas couppé & jetté au feu. Ie viens auec l'eau de depart separer l'Amour de l'Amitié, & faire veoir ce qu'il y a de bon & de mauuais en l'un & en l'autre. Ceste histoire me seruira de van, pour separer le grain de la paille, le precieux du vil, & de ceste eau qui fait discerner le vray baume du sophistique. Il y a des maux d'œil qui se contractẽt en regardant des yeux malades, telle est la qualité de l'amitié, elle se prend par cõtagion, il est presque impossible de deffendre d'aimer qui nous aime, cette fiéure se gaigne par transpiration. Mais le mal est que dans le ventre d'vn mesme cœur, Jacob & Esau s'entrebattāt, je veux dire que l'amitié & l'Amour disputent à qui se supplantera. C'est Phares & Zaram qui s'entretiennēt & s'entrepoussent. Dauid a esté admirable en l'vne & en l'autre prattique du bon & mauuais Amour, & de la bonne & mauuaise Amitié. Combien fut parfaitte l'Amour coniugal dont il ayma Michol, Abigaïl, Abisay, ses cheres femmes ; mais celle de Bersabée combien causa-t'elle de maux, combien luy cousta-t'elle de larmes. Cōbien fut accomplie l'amitié qu'il eut pour Jonatas: mais cōbien aima t'il d'amitié d'autres personnes vicieuses: Saul, Ioab, Achitofel, Semei, Aliathar, & tant d'autres. Si ce grand Prince, cét homme selon le cœur de Dieu a p**is** le change en ce sujet & confeſſé que ſon cœur & ſa vertu l'auoient abandonné: helas que feront de chetiues ames, des roſeaux du deſert. Ie vous expoſe icy deux hiſtoires, mon Lecteur, afin que vous en faiſiez par voſtre iugement vne diſſection anatomique, & que vous voiez en Laſcaris & Procore, & en Gaſton & Hiacinte de quelle façon il fault ſe prédre pour auoir de bônes Amours & amitiez, & de quelle façon il faut euiter les mauuaiſes. De moy ſans philoſopher ſi ſubtilement, pour m'accommoder au vulgaire, ie prends icy l'Amour & l'Amitié ſelon le ſens que leur donne le cômun. Entendant par l'Amour cette paſſion qui a ſa fin dans les plaiſirs des corps qui ſont legitimes (car des illegitimes il ne faut ny parler, ny eſcrire, ny penſer. S. Paul nous deffendãt tout court de proferer le mot qui exprime la moindre [pie]ece de des-honnesteté) de sorte qu'elle ne se prattique qu'entre des personnes dont le sexe est different. Par l'amitié ils entendent une pure & simple union de volontez qui peut estre entre des personnes de divers ou de mesme sexe sans autre pretention que spirituelle. L'une & l'autre de ces affections auecque toutes leurs qualitez vous paroistront en ce tissu, mon Lecteur, c'est à vous de remarquer bien les ressorts de cét horloge que ie vous descouure assez distinctement: vous y verrez des plus fortes Amitiez & des plus violentes Amours qui se puissent imaginer. Heureux si sur le bien & le mal d'autruy vous apprenez à suiure l'un & à fuïr l'autre. C'est à quoy vise la relation qui va prendre son commencement de la fin de cét Auant-discours.

HIACINTE.

LIVRE PREMIER.

SV les choses sont communes elles ne sont pas tant estimées, la rareté hausse leur prix. Ny les perles en Orient, ny l'or au Peru, ny les parfuns ne sont prisez en Arabie. Il en est des hommes comme de certains arbres qui profitent estant transplantez, & qui sont ou inutiles, ou nuisibles au solage de leur naissance. Celuy qui a vescu en crou-

A

pissant dans son foyer, & qui ne s'est point dépaïsé, a tousiours quelque chose de rude & de grossier, & est semblable à ces vins qui n'ont autre deffault que de ressentir le terroir. D'où vient que l'excellent & incomparable Poëte Homere releue la prudence & la valeur de son Vlysse.

De ce qu'il auoit veu diuerses regions,

Et reconnu les mœurs de plusieurs nations.

Et certes comme le fer qui est vn rude metal se polit & s'esclaircit estant frotté contre vn autre: aussi les esprits les plus lourds s'affinét & se perfectionnent par la pratique des estrangers & par les voyages. Mais parmy les Europeans, il fau avoüer qu'il n'y a point de Nation plus inepte que l'Espagnole quand elle n'est point sortie de son territoire. Car bien que ceux qui l'habitent soient releguez en des deserts, & viuent sous vn ciel d'airain, & sur vne terre de fer à raison de son infertilité, & qu'il n'y ait contrée en toute l'Europe quelque Septentrionale & glacée qu'elle soit, sterile comme l'Espagne, qui est comme Meridionale aussi bruslée & rostie des rayons plus ardans du Soleil, si est-ce que les Espagnols qui succent la vanité auecque le laict, se persuadent que le Soleil ne luit, & que le ciel ne rit que pour eux ; & semblables à ce pauure superbe que le Sage ne pouuoit souffrir, qu'ils sont les seuls fa-

A ij

uoris de la nature, & que la manne des delices de la vie humaine ne tombe que chez eux, bien qu'ils soient despourueus de la plus grande partie des biens necessaires à l'entretien des hommes, & contraincts de les emprunter & mendier de leurs voisins. Aussi, comme on ne peut desauoüer, que les mieux sensez d'entr'eux n'abondent autant en iugement, que le vulgaire y est extreme en ineptie, les plus auisez font voyager leurs enfans, & les enuoyent ou en Flandres pour les armes comme à vn theatre de la guerre, ou en Italie pour les lettres comme en vn sejour ou la paix ayant regné depuis tant d'années a on tout loisir d'y polir les esprits. Ie mets ceste consideration au front de ceste Histoire, parce qu'elle sert en quelque façon de fondement à l'estroitte amitié que contractèrent deux Gentils-hommes Catalans, sur laquelle comme sur vn pivot doit tourner tout le cours de ceste Narration. A Vicq cité de Catalogne (ie l'appelle Cité parce qu'elle est honnorée d'vn siege Episcopal) vn Gentil-homme assez riche, à l'imitation d'vn de ses voisins ayant retiré son fils des estudes de Lerida & de Barcelonne, se resolut de les luy faire acheuer en Italie, & tant pource qu'il auoit des cognoissances & des creances à Milan, qu'à cause que les Espagnols ne se plaisent gueires qu'aux lieux où ils sont les maistres, suiuant leur naturel imperieux il fit deſſein de l'enuoyer à Pauie. Des-ja il dreſſoit ſon equipage en intention de le faire embarquer à Barcelonne ſur les premieres Galeres qui tireroient vers la coſté de Gennes. Mais ſoit que l'occaſion tardaſt trop à venir, ſoit que le jeune eſcolier redoutaſt ou le peril, ou le trauail de la mer qui eſſaye violemment de certains corps, ſoit qu'il euſt d'autres penſées que ſon Pere, il pria & conjura tant, qu'on luy permit d'aller par terre, ſe diſant extremement deſireux de voir en paſſant quelque partie de la France. Il deſcendit donc par le bas Languedoc iuſques à Lyon, où ayant rencontré d'autres Eſpagnols qui prenoient la route de Flandres, laſſé de la languissante occupation des lettres, & voulant gouster du penible exercice des armes qui ne paroist delicieux qu'à ceux qui ne l'ont pas experimenté, il se laissa desbaucher à la compagnie, resolu d'essayer si Minerue guerriere estoit aussi agreable que la Sçauante. Il arriua donc dans ces regions Belgicques, ou plûtost Belliques, s'il est permis d'vser de ce mot, où Bellonne, comme vne Furie enragée portant par tout le flambeau de la discorde, remplissoit ceste terre de carnage & de sang: car ce fut au temps que la trop dommageable & seuere iustice du Duc d'Albe jetta sans y penser, les fondemens de l'entiere reuolte des Hollandois. Ie renuoye le curieux à l'Histoire s'il veut sçauoir quel estoit l'estat de ces Prouinces de la Germanie inferieure en ce téps là ; pour dire que nostre Lascaris (appellant ainsi nostre Escolier desuoyé) n'eust pas plustost donné son nom à vne si dure escole, que celle de Mars, que les repentirs vindrent en foule s'emparer de son cœur qui luy firent connoistre que l'ombre n'est iamais si attachée au corps, que la peine l'est à la coulpe, & la penitence à vne action ou mauuaise, ou legere. Il n'auoit iamais manié les armes, ny sçeu ce que c'estoit d'vne faction militaire, & il se voit tout à l'abord exposé à des perils où les plus courageux auoient de la peine à conseruer leur resolution. Imaginez vous quelle deuoit estre la contenance de nostre Nouice qui n'y alloit qu'à regret, & qui eust esté beaucoup de fois changé en statuë de sel, si pour regarder en arriere il eust esté puny comme la femme de Loth. C'est vn grand martyre que de souffrir du mal contre son gré, & de ne s'ozer plaindre. Nostre nouueau Soldat trouua le desboire de ce mestier penible & dangereux, aussi tost qu'il eust mis ses levres sur le bord du gobelet ; c'est iustement, disoit-il, en soy-mesme, que j'endure tout cecy, puisque j'ay desobey à mon Pere, lequel sçauoit mieux que moy-mesme ce qui m'estoit conuenable, ô jeunesse en quelles extremitez te precipitent tes inconsiderations! Si mon impatience ne pouuoit supporter les langueurs de l'estude, où en prendray-je pour patir les incommoditez de la vie militaire? & quelle fortune puis-je esperer parmy tant de perils que ie n'eusse trouuée meilleure dans l'apprentissage des arts & l'occupation des lettres? Ne suis-pas vn vray Prodigue euangelique, puisque ie suis venu en ceste region lointaine, region d'ombre de mort, où l'on ne voit que fureur & que meurtres, où le pain de munition est donné en nombre, en poids, & mesure comme en vne diette, où pour vne triste solde on vend sa vie pauurement, où apres auoir beu de la biere, on est peu de temps apres couché mort dans vne biere, où l'on n'a point d'autre image deuant les yeux que celle de la mort qui vole & nage par tout, cruelle par tout, impitoyable par tout.

Pardonnant auſſi peu aux vieux qu'à la ieuneſſe,
Et à la laſcheté comme a la hardieſſe.

De ſemblables propos il alloit entretenant ſes reſueries & enuenimant à toute heure la profonde playe de ſa repentance. Mais tout cela ne luy mettoit pas dans le cœur ceſte generoſité ſi neceſſaire aux gens de guerre, auecque laquelle non ſeulement ils treuuent aiſées les fatigues de ce penible meſtier, mais recherchent les occaſions des plus grands perils pour y moiſſonner de la gloire. Car comme à fort bien chanté ce Poëte.

Des desseins martiaux les exploits valeureux
Se font par des transports hautains & vigoureux,
Qui s'excitent en l'ame alors qu'elle est esmeuë
Du chaud desir d'honneur qui l'esléue & remuë
Comme la flamme esparse aux costez d'vn vaisseau,
Fait rejallir en hault les gros bouillons de l'eau :
L'homme qui ne sent point ces boutades hardies
Aura tousiours les mains à fraper engourdies,
Semblable à vne Nef qui vogue en morte mer
Ou de peu sert la force, ou bien l'art de ramer;

*Mais si la valeur brusque agite
 son courage,
A travers mille morts il s'ouvre le
 passage,
Et signale ses bras de tant &
 tant d'efforts
Qu'il entre au premier rang des
 Heros les plus forts.*

Cependant il en prend des armées comme des nasses, on s'y enroolle facilement, mais on ne s'en retire pas quand on veult: la temerité & l'ignorance y en poussent beaucoup que la force & la necessité y retiennent pluſtoſt que la honte, & tel va au combat qui a autant de peur d'eſtre tué en fuyant ou en reculant par vn Sergent de bande, que par les ennemis. Si bien que les plus laſches en ces occurrences ſont contraints de donner du front pour n'oser tourner les espaules, semblables à ces meschans cheuaux que l'on faict auancer à pointe d'esperon malgré qu'ils en ayent. Et tout ainsi que l'eau qui naturellement tend en bas, rejallit en hault comme l'on voit aux fontaines lors qu'elle est resserrée dans vn estroit canal: aussi vne ame timide deuient hardie par l'extremité du danger, & s'esleue au dessus d'elle mesme. Ie dis cecy parce que Lascaris se treuuant dans les occasions ne laissoit pas de s'y porter en soldat, bien que son humeur fust fort esloignée de ceste condition. En fin lassé d'vne vie qu'il auoit tant à contre-cœur, il pensoit aux moyens de s'en retirer en quelque façon que ce fust;

la tristesse & l'ennuy auecque les trauaux de la milice, ausquels il n'estoit pas accoustumé, luy auoient tellement abbatu l'embom-point, & alteré le visage, que pour peu de feinte qu'il pouuoit faire il n'y eust eu celuy qui ne l'eust iugé pour estre atteint d'vne griefue maladie. Côme il estoit sur le point d'esclorre ce dessein pour s'eschaper de tant de miseres, la fortune accourut à son ayde en le rendant vrayemét malade & le faisant tomber soubs l'effort d'vne fieure ardante qui le mena iusques aux portes de la mort. Quelque ordre qu'il y ait dans les armées pour les malades & les blessez, il est tousiours accompagné de tant de confusion, & enuironné de tant d'incommoditez, que mesme les plus riches y sont tres-mal seruis : si bien que la plus grande part de ceux qui sont mal pansez meurent faute d'assistance, qu'eust faict nostre Escolier desbandé, ceux qui l'auoient amené de Lyon, & qui l'auoient destourné de la route d'Italie furent les premiers qui luy tournerent le dos, & le laisserent au besoin ; tant camarades qu'il vous plaira, mais dans les armées chacū garde ce qu'il a pour soy, affin de se soulager en sa propre necessité. La solde encore mal payée est bien peu de cas pour accommoder vn soldat malade, s'il n'a que cela il est mal agencé. Toutes les lettres soit de credit, soit de change qu'auoit Lascaris

Lascaris s'addreſſoient dans le Milanois, il ne connoiſſoit en Flandres que des gens qui auoient plus de diſpoſition à prendre qu'à preſter, le voylà en des extremitez merueilleuſes, en des angoiſſes incroyables, la terre & l'argent luy manquent, il n'a plus que le Ciel, & luy meſmes a ſon ſecours parmy tant de pauuretez qui l'accabloient: la maladie qui le tourmentoit faiſoit ſans ceſſe nager deuant ſes yeux l'image de la mort. La croyant veritable il s'y diſpoſa en Chreſtien, & ſe jettant comme à corps perdu entre les bras de Dieu, il experimenta la verité de ce mot de Dauid que le Seigneur aide opportunement dãs les plus preſſantes tribulations. Vn bon Preſtre qui aſſiſtoit à

B

bien mourir les malades, dont la santé estoit desesperée, prenant pitié de ce jeune homme qui tesmoignoit bien à son discours & à sa façon qu'il estoit né noblement, le secourut en ce besoin, & le retirant du milieu de l'infection inseparable de ces lieux, où l'on met les malades d'vne armée, le fit porter à Valenciennes, où par le bon traittement qu'il luy fit faire, & l'industrie des Medecins aidée de la vigueur de la jeunesse de ce patient, il commença à donner quelque esperance de santé, allant de jour en jour de mieux en mieux, il reprit en fin sa premiere conualescence, & auecque cela ce qui luy estoit plus precieux, la liberté. Quelles graces ne rendit il à la bonté du

Pere des misericordes pour l'auoir retiré des abysmes de la terre, & sauué de ce naufrage, où la tempeste le menaçoit de l'engloutir en haute mer. Apres auoir aussi remercié ce bon Ecclesiastique de l'assistance qu'il auoit receu de sa charité, à laquelle, apres Dieu, il se confessoit redeuable de la vie, aussi peu chargé d'argent que de hardes, (encore se tenoit il trop heureux d'estre libre & nud) il prit son chemin par la Lorraine, & la Franche-conté, pour gaigner l'Italie en passant par le païs des Suisses. S'il fit ce chemin auec des incommoditez incroyables, il n'en faut pas douter: car estant sans argent & à pied, son ordinaire Hostelerie estoit ou à l'Hospital, ou à l'Eſtoille. Mais le malheur ne l'auoit pas encore mis aſſez bas, il falloit qu'il le perſecutaſt à outrance, à peine auoit il quitté les farouches montagnes de la Suyſſe, & du Valley, & paſſant par Sion, & par Luich, trauerſé le ſourcilleux, & effroyable faiſte du Mont ſainct Plomb, qu'au pied de ceſte montagne commençant à reſpirer le doux air d'Italie, & à voir les belles plaines de la Lombardie il fut attaqué par des bandouliers, qui le trouuans deſgarny d'argent, & couuert de quelque habit qui n'eſtoit point encore ſi meſpriſable, ils l'en deſpoüillerent, & le laiſſerent auſſi nud qu'vn ver. Et parce qu'il faiſoit inſtance de tirer quelques papiers qu'il auoit couſus dans le pourpoint, ils creurent que là il y auroit de l'argent caché, ils y foüillerent, & n'y trouuans que des papiers qui estoient des lettres de change (marchandise qui n'est pas à l'vsage des voleurs) despitez de cela ils les deschirerent, & laisserent mon Espagnol dans vn desespoir qui se peut mieux imaginer que descrire. Mais la prouidence sous laquelle coulent tous les euenemens de nostre vie (vn cheueu ne tombant pas de nostre teste sans qu'elle y ait esgard) le regarda d'vn œil de misericorde en ceste extreme affliction, & fit qu'à la premiere bourgade où il arriua, quelque personne charitable couurit sa nudité de quelques meschans haillons, sous lesquels il auoit moins de honte de demander l'aumofne, en ce piteux equipage il fit fon entrée à Milan, où fe fouuenant des noms de ceux pour lefquels il auoit des lettres de faueur, & de creance que les brigands luy auoient defchirée, il s'enquit de leur demeure, où les allant trouuer pour comble de confolation, il fut pris d'eux pour vn affronteur, & renuoyé comme vn coquin, auec des menaces de chaftimens bien plus fenfibles à fon courage hautain, que toutes les difgraces qui luy eftoient auparauant arriuées. Il but neantmoins ce calice d'amertume jufques à la lie. Et bien qu'il rencontraft quelques Catalans qui eftoient de Barcelonne, de Tarragone, de Gyrace où de Rocca, Vicq, quoy que cité, eft vne ville afsez petite & escartée, & de laquelle il sort peu de gens pour voyager, celuy estoit donc peu de chose de dire qu'il estoit de Vicq, pour se faire connoistre, & bien qu'il se dist Gentilhomme, c'est vne chose si commune à la vanité des Espagnols, de se dire tels, principalement quand ils sont loing de leur païs, encore qu'ils soient de basse, & vile condition, que pour le mensonge des autres, sa verité en estoit moins creüe. A la fin il se souuint qu'il auoit vn compatriote qui estoit en l'Vniuersité de Pauie, auquel il auoit des lettres qui s'addressoient, mais qui s'estoient perduës auec les autres. Il imita ceux qui se noyent, & qui se prennent à tout ce qu'ils rencontrent, fort du foi-

B iiij

ble, bien qu'il y eust peu d'apparence qu'il deust tirer grand secours d'vn Escolier qui mange plus ordinairement son quartier en herbe qu'en gerbe, neantmoins il tourna sa proüe de ce costé là, & il se traina jusques à Pauie. Quand il se presenta deuant Procore (c'est le nom de ce compatriote) & qu'il luy dict qu'il estoit Lascaris, bien qu'il l'eust veu en sa jeunesse, & qu'il n'eust pas perdu la memoire de leur ancienne connoissance, il luy parut comme vn fantosme qui vient la nuict troubler le repos d'vn homme qui dort, aussi outre ces meschans haillons qui ne couuroient que la moitié de sa nudité, la maladie, le trauail du chemin, la faim, & tant d'incommoditez que la pauureté traine à sa suitte, luy auoient rendu le visage si affreux, & si changé qu'il ne falloit que l'auoir conneu d'autres fois pour le mescognoistre alors. Neantmoins son langage, & sa façon naïue firent que Procore se rendit docile à escouter l'histoire de sa desbauche, & de ses malheurs qu'il luy raconta auec tant de simplicité, que l'autre ne la prit point pour vne simple vray semblance: mais pour vne pure verité. Ce qui le toucha d'vne telle compassion, de voir vn Gentil-homme de fort bon lieu, comme estoit Lascaris reduit à tel point, par les outrages de la fortune, que le retirant tout moite du desbris de ce naufrage, il se resolut à le traitter en frere, & de luy rendre toute l'assistance qui seroit en son pouuoir. Il le faict entrer en sa chambre, l'embrasse, luy offre tout le vaillant d'vn Escolier, le despoüille de ces honteux haillons qui le couuroient, le couure du meilleur de ses habits, luy ouure son coffre, sa bource, & plus encore son cœur, ce qui rauissoit Lascaris d'vn tel estonnement, que les larmes de joye luy en tomboient des yeux, & les parolles de compliment, & de remerciemés luy en tarissoient en la bouche, semblable à ces vases pleins de liqueur, qui ne se peuuent vuider que difficilement, parce qu'ils ont l'éboucheure trop estroitte. Il benit ses trauaux passez qui luy font treuuer ce raffraichissemét si agreable, il se dict perdu s'il ne se fust perdu, & ses desastres precedés sont des espines qui luy font paroistre plus douces les roses de sa felicité presente. Ainsi la soif, dict le gentil Toscan, faict rencontrer du goust, & de la saueur à l'eau qui n'en a point de sa nature, & l'appetit est la meilleure sauce des viandes, celuy la ne connoist pas les delices de la paix, qui n'a espreuué les miseres de la guerre.

L'acquefà parer saporite &
buone,
La sete e'l cibo pe'l digiun s'ap-
prezza,
Non conosce la pace è non la
stima,
Ch'i non a prouato la guerra
prima.

Ce qui faisoit dire au grand Stoique, qu'il n'y auoit rien de si malheureux qu'vn homme qui n'auoit iamais esté miserable, la prosperité ne pouuant estre bien goustée, que par ceux qui auoient ressenty les reuers de la fortune, tout de mesme que les amandes ameres mangées, auant que de boire font trouuer le vin plus doux & meilleur : telles sont les contrepoinctes du monde & la clairté du jour ne seroit pas si delectable à nos yeux, si elle n'estoit precedée de l'horreur des tenebres de la nuict. Quelle consolation au cœur de Procore de se voir releué de sa cheute par vne si bonne main, & ses ruines reparées lors qu'il n'y auoit plus d'apparence qu'il deubt auoir autre esperance que d'estre arriué au profond de la mer des angoisses. A dire le vray, & pour parler apres Pindare.

L'eau chaude ne reconforte
Les membres las de la sorte,
Qu'un secours non esperé,
Dans un estat deploré.

Celuy que le desespoir portoit à se pendre, pressé des extremitez d'vne dure necessité, & qui trouua vn tresor au pied de l'arbre funeste, où il alloit par vn cordeau mettre fin à sa vie, & à ses desastres, ne fut point plus resiouy de rencontrer l'antidote de son malheur que Lascaris d'auoir faict rencontre de Procore qui l'auoit accueilly, lors qu'il sembloit qu'il fust rebutté du Ciel & de la terre, & aidé si à temps par ceste derniere corde de son arc. Si ie dis qu'en ce compatriote il acquit vn tresor, ie parle auec le plus Sage des hommes, qui a dit autresfois que celuy qui a rencontré vn Amy fidelle, a trouué le plus grand tresor qui se puisse desirer en ce mortel sejour : & n'est-ce pas vn Amy fidelle que celuy qui secourt au besoin, & qui met en œuure à la lettre ce mot d'Isaye, Romps, & fay part de tó pain à celuy qui est affamé, reçoy les pauures & les pelerins en ta maison, couure la honte de ceux qui sont nuds, & conserue en eux ta propre chair; alors l'esclat de ta reputation sera comme vne lumiere brillante, la Iustice ira deuant toy, & la gloire du Seigneur t'enuironnera. Celuy qui ouure son cœur au miserable, & qui assiste l'affligé, faict sortir la splendeur du milieu des tenebres de l'oubly, & le midy n'eſt point plus éclattant que ſa renommée; ſon ame eſt remplie de clarté, & renduë ſemblable à vn jardin bien arroſé, & à des fontaines qui iamais ne tariſſent. Et certes il en arriua ainſi à Procore : car bien que le vaillant d'vn Eſcolier ſoit peu ſuffiſant pour l'entretien d'vn compagnon, & que ſa couuerture ſoit trop eſtroitte pour ſeruir à deux, Dieu neantmoins beniſſant ceſte action charitable, & qui ſemble auoir quelque rapport auec le manteau de ſainct Martin partagé auec vn pauure, que tout luy fut rendu au double comme à Iob, & ſon argent ne luy manqua point non plus que l'huille, & la farine à la vefue qui auoit nourry le Profete, tant il eſt vray que rien ne manque à ceux qui cherchent Dieu par les œuures de charité. Et vrayment on peut dire que Procore fut à Laſcaris, en ceſte occurence cela meſme que le bon Samaritain de l'Euangile au jeune homme, qui auoit eſté mal traitté par les voleurs en deſcendant de Ieruſalem en Ierico. Mais il ne jetta pas la ſemence de ſes bien-faits en vne terre ingrate, comme nous verrons au progrés de ceſte narration. Tant plus Laſcaris ſe monſtroit reconnoiſſant enuers Procore, tant plus ceſtuy-cy taſchoit il de l'obliger, n'y ayant rien qui attire pluſtoſt vne nouuelle grace, que la bonne façon, dont on a reçeu

la

la precedente, c'eſt vne fumée qui alleiche le feu. Auſſi Laſcaris vſa t'il de cet Amy fidelle, auec tant de moderation, & de retenuë, & luy donna de ſi bonnes enſeignes de leur commune patrie, & de ce qu'il eſtoit, qu'il n'en reſta aucune doute en l'ame de Procore. Il eſcriuit incontinent en Eſpagne le cours de ſon voyage de Flandres, & les afflictions qui luy eſtoient ſuruenuës ainſi que nous les auons dépeintes. Le Pere de Laſcaris, qui aimoit ce fils extremement, luy enuoya auſſi toſt de nouuelles lettres de change, bien aiſe que cet enfant Prodigue fuſt retrouué, & ſe fuſt reconnu. Il apprit par les meſmes lettres le ſecours opportun que Procore luy auoit faict en ſa

C

grande necessité, dont il remercia à Vicq le Pere de Procore, qui estoit son voisin & son amy, & luy faisant escrire par son Pere, & luy escriuant luy mesme des remercimens qui tesmoignoient l'ardeur de sa bonne volonté, & le sentiment de sa reconnoissance, & luy faisant rendre tout ce qu'il auoit fourny pour Lascaris. Procore connut que ce n'est pas sans raison que l'on peint les Graces, de sorte que pour vne qui tourne le dos, il y en a deux qui retournent la face, pour monstrer que les faueurs faictes à propos reuiennent tousiours à double. Vne petite flotte estant arriuée à Lascaris, aussi tost il la remit toute entre les mains de Procore pour luy tesmoigner par cefte confiance le reffentiment de l'obligation qu'il luy auoit, & que ce n'eftoit point auec luy qu'il vouloit auoir de refte: l'autre non moins courtois que charitable, refufoit d'eftre le gardien de ce depoft, ainfi ces deux Amis difputoient à l'enuy à qui fe remettroit plus franchement à la conduitte de fon compagnon : heureufe conteftation, & qui fut le fondement d'vne amitié fort fignalée, car deflors ils fe lierent d'vne telle affection, qu'il fembloit, comme difoit fainct Auguftin, parlant de fon cher Alipius, que ce ne fuft qu'vne ame en deux corps, tant leurs volontez eftoient vnies. Voila nos deux Efcoliers remontez, & certes ils auoient bon befoin de cefte aide que les

Espagnols appellent *ayudo de costa*; pource que leurs eaux estoient si basses qu'ils alloient estre comme des poissons sur le sec, si ce renfort du Pere ne fust arrivé. Or tout ainsi que le chien qui se tient resseré & ramassé en dormant durant le froid de l'Hiuer, s'estend tout de son long pendant les chaleurs de l'Esté, aussi nos Espagnols qui se tenoient clos & couuers dans leur estude, & parmy leurs liures, au temps de leur disette, commencerent à sortir de leurs coquilles, comme font les limacons au prin-temps, lors qu'ils se trainent sur l'argent de leur baue, & leur courage s'enfla quant & leur bource. Ils se font braues & commencent à s'escailler, & à frequenter les compagnies. La nation des Espagnols est extremement addonée au jeu, ce qui fait croire qu'elle n'est pas si prudente comme elle en a la mine, car est il vne imprudence plus expresse que celle qui faict que l'industrie humaine se soumette au hazard des cartes & des dez, inuention de passer le temps qui a tousiours esté blasmée par les plus Sages. Procore, qui d'ailleurs estoit vn jeune homme assez retenu, & peu addonné aux autres desbauches, ausquelles la jeunesse, & principalement celle d'Espagne, est naturellement portée, auoit ce deffault qu'il ne se pouuoit retenir de joüer, & outre cela il estoit mauuais joüeur : car il se passionnoit au jeu auec tant de violence, que quand il perdoit il n'estoit pas supportable en juremens, & en boutades, & beaucoup moins quand il gaignoit en mocqueries & insolences. Les humeurs ainsi faittes doiuent euiter le jeu comme vn escueil, parce qu'ordinairement elles y font de tristes naufrages, d'autant que selon ce qu'a sagement chanté cet ancien Poëte.

Le jeu engendre les querelles,
Et les noises & les debats,
Et des inimitiez mortelles,
Qui se terminent en combats.

Il aduint quelque chose de semblable à Procore, vn jour, ou plustost en vne nuict funeste qu'il s'estoit embarqué au jeu auec vn Escolier Italien, qui estoit d'origine Plaisantin, parce que se picquans, & puis se querellans ils en vindrent des parolles aux effects, & mettans la main aux armes ils deciderent de sorte leur contestation sur le champ, que l'Italien percé de part en part tomba sur la place comme mort, Procore n'ayant qu'vne legere blesseure au bras. La rumeur se faict grande en la maison où ce desordre arriua, les portes en furent fermées, & Procore arresté, qui fut remis entre les mains de la Iustice : les Chirurgiens appellez pour penser le Plaisantin, iugerent sa playe non tout à faict mortelle, mais tres-dangereuse, parce qu'il ne falloit que la moindre fieure pour l'emporter. Quoy que l'on die du rapport de l'humeur Italienne auec l'Espagnole, si est-ce qu'il y a tousiours entre les nations de secrettes antipathies qui les rendent moins sociables, & puis c'est vn desir si naturel qu'ont tous les peuples, d'auoir des Princes Souuerains de leur païs, que iamais domination estrangere n'a esté soufferte que par la force de la loy, ou plustost par la loy de la force. Ce qui faict que les Espagnols sont mal voulus dans les deux Royaumes, & la Duché qu'ils tiennent en Italie, & c'est vn joug que les Siciliens, les Napolitains, & les Milanois ne portent que par contrainte. Que si en Espagne il suffit d'estre estráger pour estre appellé Gauache, qui est vn nom de mocquerie & de mespris, comme celuy de Barbare l'estoit parmy les Romains; en Italie il suffit d'estre Espagnol ou François, pour estre l'object de la haine publicque. Cecy estoit vn mauuais presage pour l'affaire de Procote, car il n'y a point de doute que si l'Italien fust mort, la Iustice n'eust iamais pardonné à sa vie. Le voyla donc en prison où il digere à loisir le repentir de sa precipitation, & de son aueugle colere. Lascaris n'estoit pas present quand cet accident arriua, car il eust perdu mille vies plustost qu'il n'eust sauué son Amy : le voyla en vne peine qui ne se peut comprendre, il prie, il crie, il sollicite, mais ses peines, ses pleurs, ses requestes, ses soings n'ont point de lieu. Les Chirurgiens, entre les mains desquels est le Plaisantin, remettent de là à quelques iours d'asseurer de sa vie, ce qui tient le prisonnier en des tranfes mortelles, & son Amy en des agonies incroyables. En fin ayant obtenu par ses importunitez, permission de visiter son compagnon dans la Geolle où il estoit estroittement enfermé, pour le consoler en son desastre, & luy apporter quelque soulagement, que ne fit le bon Lascaris en ceste occasion, pour se reuancher de la courtoisie qu'en sa necessité il auoit receüe de Procore, que ne luy dit-il pour chasser le trouble de son esprit, que ne remua-t'il pour le tirer de peine. Dequoy ne s'auise la saincte chaleur de l'amitié pour le soulagement, & le seruice d'vne personne aimée. Lascaris desirant à quelque prix que ce fuſt, meſme au hazard de ſa vie, retirer ſon amy de cet abyſme de miſere, où l'on perd la liberté en attendant la perte de la vie, luy propoſa de prendre ſes habits, & qu'il ſe veſtiroit des ſiens, & demeureroit dans la priſon tandis qu'il s'en eſchaperoit en trompant les Guichetiers. Mais cependant que deuiendriez-vous, luy dit Procore, me penſeriez vous bien ſi laſche, que ie vouluſſe me tirer de peine pour vous y mettre? Mon frere, reprit Laſcaris (c'eſt ainſi qu'ils s'appelloient par vne façon de parler auſſi vſitée en Eſpagne) on ne peut inſtruire voſtre procez ſans vous confronter auec voſtre partie. Elian, (c'eſt le nom du Plaiſantin) me voyant ne ſera pas ſi effronté de dire que ie l'aye mis en l'eſtat où il eſt, & ie diray librement que ſçachant que vous eſtiez innocent, d'autant que vous n'auiez faict que vous deffendre, ie n'ay point faict de difficulté de me mettre en voſtre place, ſçachant que Dieu, protecteur de l'innocence, ne permettroit pas que ie periſſe pour vn ſujet ſi iuſte, que celuy de vous faire ſauuer. Procore ne pouuant aſſez admirer l'amitié & le courage de Laſcaris, ne vouloit point condeſcendre à ſe ſeruir de ce ſtratageme pour n'enueloper point ſon Amy dans ſon crime, en le rendant ſon complice par ceſte ſubtilité : en fin Laſcaris pria, pleura, cria, ſupplia tant ſe jettant aux pieds de Procore, & luy embraſſant les genoux, &

luy allegua tant de raisons, qu'il le rangea à ce qu'il voulut, l'autre protestant que si Elian mouroit, & que Lascaris en fut en peine, il se viendroit remettre entre les mains de la Iustice, pour n'estre point cause que l'innocent souffrist pour le coulpable. Cette vie que ie hazarde pour vous, repliqua Lascaris, ne vous est elle pas deüe, puisque vous l'auez conseruée lors que le desespoir estoit sur le point de me la rauir ? Non non, reprit Procore, elle ne m'est point deüe, & puisque vous le prenez de ce biais là, ie ne sortiray point d'icy, j'ayme mieux mourir pour ma faute, que de me voir surmonter aux deuoirs de l'amitié. Ce fut icy que Lascaris redoubla ses supplications, qu'il accompagna de tant de conjurations, que Procore fut contraint de ceder à ceste douce violence, jugeant qu'au pis aller il en seroit quitte pour se representer au cas que son compagnon couruſt quelque risque dans les rigueurs & les formalitez de la Iuſtice. Ils changerent donc d'habits, & se donnerent le rendez-vous à Tortone, pour de là prendre la route de Gennes, & se sauuer par la Mer en Espagne. Ce deguisement succeda si bien à Procore, que le Geollier le prenant pour Lascaris le laiſſa sortir, & luy au lieu de prendre le chemin de Tortone, se tint à Pauie couuert des habits d'vn pauure, pour voir le succés de l'affaire de son Amy, qui eſtoit la sienne mesme. Cependant la Iustice craignant que la blesseure d'Elian ne luy donnast la mort, se hasta lors qu'il fut en estat de pouuoir parler, de luy confronter celuy qui estoit dans les prisons, pour commencer l'instruction de son procez. Les parens d'Elian vindrent aussi tost de Plaisance, à ceste triste nouuelle, & comme ils estoient riches, & de credit, ils firent vne poursuitte fort chaude, ardans qu'ils estoient à la vengeance, selon l'humeur des Italiens, & desireux de faire sentir vn honteux supplice à celuy qu'ils estimoient auoir assassiné leur enfant, bien que la querelle fust arriuée sur le cháp, & sans dessein, selon l'adueu du blessé mesme. Lascaris estant interrogé nia fortement d'auoir faict le coup, ce qui n'estoit que trop veritable. Le Iuge ne pouuant assez admirer sa hardiesse, l'accusa d'impudence, & dit que c'estoit le propre des meurtriers de n'auoir point de front. Quand il fut presenté à Elian le malade, qui le connoissoit pour l'auoir veu tous les iours auec Lascaris, dit que ce n'estoit pas luy, mais son compagnon Procore, qui auoit, lors qu'il le blessa, vn semblable habit, alors Lascaris se tournant vers le Iuge, rendu courageux par la confession du patient: Seigneur, luy dit-il, vne autre fois ne iugez pas sans prejuger, si vous ne voulez faire des jugemens temeraires, c'est le propre du crime d'estre timide, & de l'innocence d'estre hardie, ie suis

suis Gentil-homme d'honneur, & mon compagnon aussi n'est point vn meurtrier, & si ce malade veut dire la verité sans passion, il sera ie m'asseure contrainct d'aduoüer que mon Amy ne l'a point pris en traistre: mais que leur colere estant née sur le jeu, & vuidée à la chaude, ils n'auoient ny l'vn, ny l'autre, au commencement aucun dessein de s'offencer, le sort des armes ayant blessé mon Amy au bras, & ce Gentil-homme dans le corps: s'il est plein de courage, comme ie le croy, il doibt plustost luy pardōner qu'en rechercher la vengeance. Aussi fay-je, & de bon cœur, repliqua le malade, car si c'est la seule volonté qui offence, ie sçay que Procore n'en a point eu de m'at-
D

tacquer, s'il s'est mieux deffendu que moy, c'est mon malheur, & non pas sa faute, c'est vn desastre produit en vn instant par la colere, & le jeu, deux mouuemens qui n'ont rien de moderé, puis qu'ils sont aueugles. Aussi n'est-ce pas à ma pourfuitte que Procore est recherché, c'est vn effect de la passion de mes parens, plustost que de mon sentiment propre. Le Seigneur Procope est vn braue Gentil-homme auec qui i'ay tousiours faict profession d'amitié, & si Dieu me faict la grace de guerir, ie veux la renoüer plus fort que iamais & viure son seruiteur, si ie meurs ie luy pardonne ma mort, & veux mourir son Amy. Lascaris rauy d'entendre parler de la forte vn Italien, dont l'humeur n'eſt pas de remettre ſi franchement vne offence, courut auec vn excés de joye luy embraſſer les pieds, & loüant la bonté de ſon ame apres luy auoir ſouhaitté la ſanté, & proteſté du ſeruice de ſon Amy & du ſien. Si vous voulez, adjouſta t'il, Seigneur Procore nous rendre tout à faict vos redeuables, & faire la grace entiere comme ie vous en ſupplie affectueuſemét, s'il vous plaiſoit faire ceſte declaration authentique à Monſieur le Iuge que voilà, ce ſeroit couronner cette belle œuure, & vous acquerir deux Cheualiers qui ne mourrót iamais ingrats de ceſte courtoiſie. La crainte de la mort ayant amolly le cœur du bleſſé, & l'ayant diſpoſé à remettre en

Chrestien l'offence qui luy auoit esté faitte, le rendit prompt à l'entherinement de ceste requeste, desauoüant la poursuitte de ses parens, & demandant auec instance l'eslargissement de Lascaris qu'il declara innocent. Le Iuge s'excusant de l'auoir tenu pour criminel: mais de quelle façon, dit-il, c'est faict cela, que cestui-cy ait esté pris pour son compagnon, alloient ils vestus de mesme sorte. Lascaris qui craignoit d'estre remis en prison, & qui sentoit pincer vne corde, dont le son pouroit descouurir son stratageme, par la necessité maistresse des inuentions, & qui aiguise l'esprit à merueilles, trouua aussi tost ceste subtilité pour esbloüir les yeux du Iuge, & de tous ceux qui estoient presens. Ie n'estois pas loing d'icy, dit-il, quand cet accident arriua, i'accourus aussi tost au secours de mon Amy, comme ceux qui portent de l'eau pour esteindre vn embrasement, & estant entré tandis que l'on secouroit le blessé, & que l'on alloit querir la Iustice, m'estant jetté en vne chambre auec luy nous changeasmes aussi tost d'habits, & ie me laissay prendre pour luy, sçachant bien que l'on ne pourroit iamais prouuer que i'eusse joüé auec Elian, ny que ie l'eusse blessé. Cependant il se cacha sous le lict, & depuis sous mes habits il y a eu moyen de se sauuer. Mais si Elian fust mort sur la place, reprit le Iuge. Tousiours, repliqua Lascaris, ie demeurois en pouuoir de

D iij

prouuer mon aliby, & il m'estoit facile par plusieurs tesmoings, qui m'auoient veu dans la rüe, de monstrer que ie n'auois pas joüé auec luy, au fort ie n'auois qu'à declarer ce changement d'habits, qui est vne action plustost pitoyable que criminelle, & officieuse que digne de chastiment, & puis ie me confiois en ceste parole saincte, la verité vous deliurera. Elian qui auoit assez auec chacun reconnu l'estroitte amitié qui estoit entre ces deux Espagnols, fut rauy de ce tesmoignage de fidelité, & en ce rauissement il le pria de faire en sorte enuers Procore, qu'il fust le troisiesme en leur amitié. Seigneur Elian, reprit Lascaris, ie sçay l'extreme regret qu'a emporté mon compagnon de vous auoir reduict en l'estat où vous estes, & combien de fois il maudit le jeu qui luy auoit faict perdre vn si cher amy tel qu'il vous estimoit : mais si vne fois il est auerty de la generosité de vostre ame, ie croy qu'il souhaittera d'estre en vostre place, & que s'il arriue que vous perissiez, qu'il en mourra de regret : mais vous sçauez qu'en de semblables euenemens, il y a souuent plus d'inconsideration que de malice. Ie le sçauois par science, reprit Elian, mais maintenant ie le sçay par l'experience, qui est la maistresse des moins sensez. C'est pour cela que ie conjure mes parens, s'ils me veulent obliger, & s'ils veulent ma conualescence, ou que ie descende en paix dans le sepulcre, s'il faut que ie meure de ceste attainte, non seulement que vous soyez relasché tout maintenant, mais aussi qu'ils quittent tout à faict la poursuitte contre Procore, que ie veux tenir desormais pour vn de mes meilleurs Amis, & vous aussi, cher Lascaris, & ie vous prie quelque part qu'il soit de luy en donner toute asseurance. Lascaris pleurant de ioye, se jetta au col d'Elian, l'appellant son liberateur, & l'autre l'appelát son frere, les Parens estonnez de voir sortir la lumiere à trauers les tenebres, & naistre l'amitié du milieu de la haine, furent doucement contraincts par Elian de renoncer à leurs poursuittes, & de pardonner ceste offence à la jeunesse de Procore, le blessé adjoustant à ses prieres tant d'excuses pour celuy qui l'auoit frappé que vous eussiez dit qu'il estoit payé pour estre son Aduocat. Lascaris est rendu libre à l'instant ; les parens l'embrassent comme l'Amy de leur fils, le supplient d'excuser son emprisonnement arriué par mesconnoissance, & auquel il s'estoit luy mesme precipité par vn acte vrayment heroïque. Le Iuge s'en retourna confus & sans proye, de mesme façon que les soldats reuiennent de la guerre sans butin. Lascaris en ceste occurrence experimenta sensiblement, que Dieu ne manque iamais de secourir en leur besoin ceux qui se mettent au hazard pour assister leur prochain, tant la charité luy est agreable, & tant est veritable ceste parole qui promet misericorde aux misericordieux. Apres auoir faict à Elian toutes les protestations de reconnoissance, & tous les plus honnestes complimens dont il se pût auiser, il alla aussi tost monter à cheual, & faisant croire qu'il alloit à Milan, il reprit à vn mille de Pauie, le chemin de Tortone. A peine estoit à vn demy mille du lieu d'où il s'estoit destourné, qu'il fit rencontre d'vn gueux qui trauersant son chemin, vint prendre son cheual par la bride, & mettant l'espée à la main, luy dit, arreste, ie te fay prisonnier de la part de sa Majesté, dont tu as offencé la Iustice, & violé les prisons. Lascaris, à qui la consciēce seruoit de mille tesmoings, & qui se sentoit accuser du crime qu'il auoit commis, ne se trouua pas peu surpris de ces parolles: mais faisant rampart de la necessité, & prenant pour sa propre deffence le mesme courage qu'il auoit faict paroistre pour son Amy, ne pouuant faire auancer son cheual, dont la bride estoit saisie, saute à terre, & mettant la main à l'espée se resoult de ne se laisser pas laschement trainer en prison par vn homme à pied. Comme il venoit donc joindre celuy qui l'auoit arresté auec intention de luy vendre cherement sa peau, l'autre reprenant sa voix naturelle qu'il auoit auparauant contre-faitte. Ha! s'escria t'il, Lascaris, veux-tu rauir la vie à celuy à qui tu l'as si genereusement sauuée? Cette voix aimée sortant de dessous de meschans lambeaux dont ce doux aduersaire estoit reuestu, pensa comme vn eclat de tonnerre, faire tomber Lascaris à la renuerse. Le mal-faicteur, qui sur le point de son execution voit arriuer sa grace, & le nocher qui au plus fort de la tempeste pésant donner contre vn escueil se voit jetté à la rade, n'est point plus joyeux que le feu. Lascaris recónoissant que c'estoit Procore qui luy auoit donné ceste venüe. Ils se jetterent au col l'vn de l'autre, & comblez d'vne allegresse qui ne se peut exprimer que par ceux là mesme qui la ressentoient, ils loüerent ensemble l'adorable Prouidence de celuy qui les auoit faict si heureusement rencontrer apres auoir euité vn tel orage. Ils se tirerent à quartier du grand chemin, & à trauers champs de village en village ils gaignerent Tortone, s'entretenans tandis qu'ils cheminoient alternatiuement à pied & à cheual, ce qui leur estoit auenu. Procore conta à Lascaris comme il auoit tousiours depuis sa sortie de la prison sejourné à Pauie sous ces habits de pauure, changeant tous les iours de demeure, il s'estoit attaché vne fausse barbe pour se rendre moins connoissable, & de ceste façon il alloit attendant le succés de l'affaire d'Elian, dont Lascaris luy raconta toutes les particularitez ainsi que nous les auons deduittes. Aussi tost qu'il sçeut la deliuráce de Lascaris, il se mit sur le chemin de

Tortone pour l'y attendre, sçachant bien qu'aussi tost il prendroit ceste route, selon qu'ils auoient resolu dans la prison. Durant le reste du chemin Procore ne parla à Lascaris, que des eternelles redeuances qu'il luy auoit, & l'autre ne mettoit en auant que les incomparables obligations qu'il auoit à Lascaris, si bien qu'en leur vnion ils n'auoient que ceste discorde à qui seroit le plus redeuable à son Amy, heureuse certes & loüable contestation. De Tortone ils gaignerent au plustost les Estats de la Seigneurie de Gennes, d'où ils apprirent la nouuelle de la conualescence d'Elian, de qui les Medecins & Chirurgiens asseuroient la vie. Et bien que Lascaris eust faict recit à Procore de la franchise, & generosité de ce jeune homme, & que Procore fust extremement marry de l'auoir par le malheur des armes reduict en tel estat, ils estimerent qu'il valloit mieux croire de semblables choses, que de les aller voir, & que par lettres ils feroient mieux leurs complimens qu'en presence, & deuant que l'argent, qui ne croist pas trop volontiers dans la bource des Escoliers, leur manquast, ils resolurent de s'embarquer à Gennes, & de s'en retourner en Espagne. Ce qu'ils firent, se mettans dans le premier vaisseau qui fit voile vers Barcelonne, où ils arriuerent apres auoir passé le dangereux Golfe de Leon sous vn vent fort fauorable. Abbordez à la plage de ceste belle & fameuse ville Capitale de Catalogne, & où ils auoient diuerses connoissances ils apprindrent de tristes nouuelles de quelques citoyens de Vicq, qui furent celles de la mort du Pere de Lascaris. Cela pressa nos deux Amis qui eussent bien desiré faire quelque sejour sur ce riuage maritime, où tant de Sirenes charment la jeunesse moins par les oreilles que par les yeux. Le Pere de Procore, qui ne l'attendoit pas, fut estonné de le voir de retour d'Italie plustost qu'il ne pensoit: car il auoit faict dessein de luy faire voir Rome, Naples, & la Sicile auant que de le r'appeller: mais quand il sçeut le sujet qui l'auoit obligé de reuenir, & de quelle sorte Lascaris l'auoit retiré de ré de prison en tançant sa jeunesse qui l'auoit rédu si prompt à la main, il estima sa prudence de s'estre promptement retiré des lieux, où il ne pouuoit plus estre auec asseurance. Et quand Lascaris luy vint faire la reuerence, il luy fit de grands remercimens du bon office qu'il auoit rendu à son fils, s'offrant de luy seruir de Pere en la place de celuy qu'il auoit perdu, & de reconnoistre ce bien faict incomparable par tous les seruices qu'il pourroit desirer de luy. Cependant Lascaris entre dans la possession du bien de son Pere aydant à sa Mere à le gouuerner. Son amitié auec Procore, ne continua pas seulement, mais alloit croissant de iour en iour, & comme dit ce Poëte parlant

E

de la Renommée.
Acqueroit en allant une vi-
gueur nouuelle,
Et comme les ruisseaux s'aug-
mentoit par son cours.

L'auarice estant naturelle & ordinaire aux vieillards, Procore auoit de la peine à tirer de son Pere, non pas dequoy satisfaire à ses passe-temps: mais mesmes à ce qui estoit necessaire pour s'entretenir honnestement, & selon sa qualité, mais à ce deffaut Lascaris suppleoit abondamment ne luy refusant que ce qu'il n'auoit pas, car tout ce qui estoit en sa puissance estoit en la disposition de Procore; tesmoignant par ceste genereuse liberalité, que son cœur estoit ce terrein fertile qui rend le centuple de ce que l'on y seme. Ils vesquirent quelques années de ceste sorte, auec vne intelligence si bonne que leur amitié seruoit d'exemple & de patron aux plus accomplies: ils auoient tousiours si vif le ressentiment de la reciproque obligation, dont ils estoient redeuables l'vn à l'autre, Lascaris se souuenant que Procore l'auoit tiré des portes du desespoir, & Procore que Lascaris l'auoit arraché de la prison, qui est le centre de toutes les miseres humaines, au hazard de sa vie, que tout ce qu'ils pouuoient faire l'vn enuers l'autre pour reconnoistre vne telle grace ne leur sembloit rien, tant il est vray que celuy qui a trouué les bien-faits se peut-dire auoir inuenté les vrais liens dont les cœurs se garrottent. Mais il y auoit ceste differéce, que Lascaris mettoit franchement, & abondamment du sien pour maintenir Procore braue, & satisfaire à l'appetit qui le portoit à iouer, au lieu que cestui-cy ne rendoit à Lascaris que des respects à des soumissions, qui estoit toute la monnoye que luy pouuoit fournir vn fils de famine, ie voulois dire de famille, qui n'a rien en sa puissance, & qui n'est de gueres different d'vn seruiteur. Mais qui sçaura que c'est vn des effects de l'amitié de faire littiere du bien pour assister ce que l'on aime, trouuera moins estrange le procedé de Lascaris, & que Procore luy rendant en eschange de tant de courtoisies vne cordiale & entiere affection, ne pouuoit estre accusé d'ingratitude, d'autant parmy les bons estimateurs de semblable marchandise,

Que c'est assez payer que de bien recognoistre.

Vn jour Procore comme gemissant sous le faix de tant d'obligations qu'il auoit à Lascaris, honteux de tant pescher dans vne mesme bource, fit tant par ses inuentions de trouuer du credit en quelque autre lieu. Lascaris qui voyoit qu'il ne luy demandoit plus ce qu'il desiroit si souuent que de coustume, luy en demanda la raison, comme en se plaignant de quelque refroidissement d'amitié : l'autre s'excusoit tantost sur ce qu'il deuoit à sa modestie, tantost il luy faisoit croire qu'il gaignoit au jeu, & appaisoit ainsi les plain-

E iij

tes de son amy, à la fin quand il eut emprunté ailleurs, il fallut rendre, & il ne trouua pas vn creancier pareil à Lascaris, qui prestoit sans pretendre d'en retirer iamais rien. Pressé outre mesure de ceste debte de peur que les plaintes n'en vinssent aux oreilles de son Pere, qui estoit auare, il recourut, comme vn autre Prodigue, son Amy, qui le tançant aigrement, non de la despence qu'il auoit faitte, mais de ce qu'il auoit esté chercher ailleurs auec peine & déplaisir, ce qu'auec tant de facilité il pouuoit prendre dans sa bource, paya ceste partie auec tant de promptitude que Procore en demeura esbloüy, comme si vn esclair luy eust sillé les yeux. Et parce que cét excez de benté le rendoit penſif, & retenu, ne ſçachant où trouuer des parolles qui puſſent dignement exprimer le reſſentiment de ſon ame. Quoy! luy dit Laſcaris, eſt il poſſible que ie ſois ſi miſerable apres vous auoir deſcouuert toutes mes plus ſecrettes penſées, & le fond de mon cœur, que vous ayez eu ſi peu de confiance en moy de n'auoir oſé me dire vos beſoins, m'eſt il iamais arriué de vous refuſer choſe quelconque, ou ſeulement d'accueillir vos demandes d'aucune froide reſponſe ou contenáce? ie vous jure mon frere que ie deſauoüerois ma propre penſée, ſi elle auoit rien de contraire au moindre de vos deſirs. Que ſi ie pouuois deuiner ou penetrer les voſtres, aſſeurez-

E iiij

vous que ie les preuiendrois auec tant de diligence, & les seconderois auec tant de soin, que vous ne seriez iamais affligé de ceste sotte honte, qui vous faict cacher vos necessitez à celuy qui pensoit estre vn autre vous mesme. Ie croy qu'il ne vous souuient plus du temps que vous me receutes tout deschiré, & mourant de faim à Pauie, que vous me reuestistes de vos habits, que vous me rompistes vostre pain, & que sans me connoistre bien asseurement, vous me mistes dans vostre lict, & me mistes en possession de vostre bource. Et ce cœur de Procore que i'estimois si mien, a creu que ie fusse capable d'ingratitude, ou d'oubly, qui est la plus noire, & moins excusable de toutes les meconnoissances. Et ce Procore, qui m'est plus cher que mes yeux, a eu recours à vn autre Amy, & m'a changé à vne personne inconnuë, quittant la confiance qu'il deuoit prendre en ma sincerité. Dy moy cruel, & neantmoins tresaymé Procore, en quoy t'ai-je dőné occasion de me fuir ainsi? en quoy t'ai-je contristé? que t'auois-je faict pour receuoir de toy vne si sensible offence? As-tu peur que ie croye pour ces menus deuoirs me desgager de l'eternelle obligation que tu as remporté sur mon ame, quád tu l'as retenüe dans mon corps, lors que l'extremité de la *** la pressoit d'en sortir? Ha! pleust à Dieu que tu eusses vne bonne excuse, affin que jeusse autant de raison que i'ay de volonté de te pardonner. Ces douces parolles estoient autant de couteaux tranchans dãs le cœur de Procore, qui ne pouuant sans vne confusion incroyable souffrir ces aimables reproches, luy repartit au mesme ton. Et toy incomparable Amy, as tu laissé couler de ta memoire que ie te dois l'honneur & la vie, que non seulement tu m'as sauué l'vn & l'autre en me tirant de la prison, mais que tu t'es mis au hazard de perdre l'vn & l'autre pour ma conseruation preferant mon salut à ta perte, & tu crois que cela n'est rien, & qu'apres vn tel bien-faict il faille encore que ie continüe à saccager tes biens pour me rendre du tout insoluable. Sçache, sçache que l'oubly de ceste action t'est autant honnorable qu'il me seroit ignominieux, & que ie ne veux plus auoir ny de vie, ny de memoire quand i'en perdray la souuenance, & que ie n'auray iamais de repos ny de contentement parfait que ie ne t'aye rendu vie pour vie, encore ne penserai-je auoir rien faict, tant s'en faut que ie croye t'auoir rendu ce que ie te dois, veu mesme que ie tiens plus cher d'estre ton obligé que si tout le monde m'estoit redeuable. Mais en quelle escole as tu appris qu'il faille estre importun, à qui nous est bon, & que l'amitié soit offencée pour la honte & la modestie? est-ce ne t'aimer pas que de t'espargner, & t'offenser que d'appeller quelque autre à mon secours en te reseruant pour mon plus grand besoin, on ne met pas à tous les iours vn habillement precieux, il doibt estre reserué pour les bonnes festes. Ha! Procore, reprit Lascaris, de semblables fautes ne se iustifient pas si facilement qu'elles se commettent, ce n'est pas d'aujourd'huy que ie connoy la beauté de vostre esprit : mais sa subtilité se faict maintenant voir en son lustre au soustien d'vne cause si peu iuste, que pour la publier, vous auez recours aux belles parolles. Pour Dieu, mon frere, ne me joüez plus de ces traits là, si vous ne voulez me faire mourir de déplaisir & de jalousie, ie ne puis souffrir qu'vn autre que moy, vous serue en ce que le Ciel a mis en ma puiſſance, puiſque ie ſçay que vous en euſſiez vſé de la ſorte enuers moy, s'il vous euſt mis en la ioüiſſance de voſtre bien. Vous ſçauez que vous ayant donné mon cœur, ie n'ay point faict de reſte en ceſte donation, tout ce que i'ay eſt à vous, & ie le dis ſans cajollerie, plus à vous qu'à moy, puiſque ie l'eſtime bien employé qu'autant qu'il l'eſt pour voſtre ſeruice: deſormais ce n'eſt plus ny pour m'acquitter enuers vous, ny pour vous obliger enuers moy, que ie vous aideray, parce que ie croy noſtre amitié eſtre arriuée à tel comble, qu'il ne ſe peut plus rien adiouſter à ſon infinité. Ie ne vous dis donc point, demandez & vous aurez: mais ſeulement, prenez, & ſi i'auois la flotte des Indes, ie vous en rendrois aussi bien maistre que de ce peu que i'ay, ce me seroit vne richesse souhaittable que la pauureté qui m'arriueroit par vostre moyen, la bien-veillance estant vne marchandise qui n'a point de prix. Dés ce temps là Lascaris contraignit Procore d'auoir vne clef du lieu, où il tenoit son argent, affin qu'il en prist à sa discretió sans preuoir, ou la peinne ou la honte de luy en demander, & deslors (tant il est vray que l'abondance rebousche l'appetit) Procore fut beaucoup plus retenu au jeu, & se seruit du bien de Lascaris, auec plus d'espargne, & de moderation qu'auparauant. Vne fois refusant apres ceste insigne courtoisie qu'il auoit receüe de Lascaris, par laquelle il se sentoit deliuré de l'importunité de ce fascheux creancier, & de la crainte de la Iustice, & de la prison dont il le menaçoit, il fit vn Romance qu'il fit voir à Lascaris, dont le sens reuenoit à peu pres aux parolles de ce

SONNET.

GRATITVDE OBLIGEANTE.

Esprit dont la vertu maintient
    la sympathie,
Qui d'vn ferme lien joint ensem-
    ble nos cœurs,
La liberalité qui reluit en vos
    mœurs,

Faict voir vostre substance entre nous departie.
C'est par vostre faueur que mon ame
est sortie
Du pouuoir des ennuis, des soins
& des douleurs :
Que mes poignans chardons se
sont changez en fleurs,
Et ma longue amertume en douceur conuertie.
Maintenant sortiroi-ie auec ma liberté,
Du lien inuisible où se trouue
arresté
Le soucieux esprit d'vn debteur
non soluable.
N'estoit que ie retombe és biens que
ie fui,
Car ce qui maintenant m'acquite
vers autrui,
Me rend en vostre endroit à iamais
redeuable.

La

La victoire de Miltiade empeschoit Themistocles de dormir, & Lascaris qui auoit si profondement grauée en l'ame la grace qu'il auoit receüe de Procore à Pauie, ne pouuoit souffrir en aucune façon qu'il le surmontast en courtoisie. Si bien que voulant repliquer à ce Romance, il en fit vn autre, auquel pour la ressemblance du sujet, ie n'ay point faict de difficulté de subroger ces beaux vers d'vne de nos meilleurs Muses.

STANCES.
REPROCHES AMIABLES.

ENfin cet inconstant affin que
 ie me vange
De cet égarement qu'il a faict
 de leger,
Est reuenu à moy, n'ayant appris
 au change
Autre chose, sinon qu'il eut tort de
 changer.
En fin il a connu que de tous ceux
 qu'il ayme,
Rien n'est de plus loyal, ny de plus
 franc que moy,
Et qu'il ne pouuoit estre à ma
 constance extreme,

Qu'extremement volage, ou plein
d'extreme foy.
Helas s'il l'eust connu dés l'heure que
mon ame
Par ses bien-faicts son nom fut
vivement graué,
Iamais le changement ne l'eust
remply de blasme,
Ce qui me l'a rauy me l'auroit
conseruè.
Mais pour auoir fermé les yeux sur
ma constance,
Ses pensers abusez ont ailleurs
seiourné,
Si bien que pour auoir manqué de
cognoissance,
Mon malheur a voulu qu'il
m'ait abandonné.
Mais ie le luy pardonne & sans plus
ie souhaitte,
Qu'il ne connoisse en moy qu'vn
esprit de douceur,

Aussi bien pour punir la faute qu'il a faitte,
J'ay trop de bienueillance, & trop peu de rigueur.
Las! fay moy ceste grace, ô ciel! ie t'en supplie,
Puisque d'affection tout mon cœur est remply,
Et mon propre interest puis qu'il faut que i'oublie,
Que ie puisse de plus oublier son oubly.

A vostre aduis n'estoit-ce pas se deffendre des mesmes armes, dont on estoit attaqué, & ceste escrime n'estoit elle pas agreable de voir deux amis se battre, non auec des fleurets, mais auec des fleurs, non auec des boutons, mais auec des roses espanoüies, & cet ennemy n'est il pas gracieux, qui ne nous jette que des perles & des lys au visage? Ils se reprochoient les bien-faicts qu'ils auoient receus l'vn de l'autre, & le nœud de leur dispute estoit à qui se reconnoistroit le plus obligé. O sainct nœud d'amitié, que tu as de subtils & doux liens pour enlacer, & attacher les cœurs, certes il n'y a point de forçats à ta chaisne, tous les rameurs y sont volontaires, tu es l'aiman des ames qui sont de bonne volonté. Qui ne se rira de ces delicates objections, & cependant l'amitié est vn mouuement qui rend le cœur si tendre, que Lascaris, & Procore pour faire leur paix verserent beaucoup de larmes, celuy là se sentât offencé & moins aimé: parce que celuy-cy auoit eu recours à vn autre plustost qu'à luy en son besoin. Et Procore tout baigné de ses pleurs, luy protesta que ceste faute auoit esté sans malice, & luy jura solemnellement de ne la commettre plus. Les autres demandent pardon de leur importunité, quand la necessité les contrainct d'emprunter du secours dans la bource de leurs amis, & cestuy-cy pour n'auoir pas foüillé libremét dans celle de son Amy; tant les maximes de la vraye & parfaitte Amitié sont differentes de celles de la commune & vulgaire. Ce sont les petits feux qui s'esteignent au vent: mais les grands s'y allument & embrasent dauantage. Ce qui amortit les moindres affections, cest qui aggrandit les signalées. Et comme l'eau dont se seruent les Forgerons, rend plus viue, & plus ardante la flamme de leurs fourneaux, aussi ces petites & delicattes piquoteries enflammerent au double la reciproque bienueillance de ces deux Amis. Selon ce qu'a dit cet Ancien.

Les noises & debats qui naissent
entre Amans,
Sont de leur amitié des renou-
uellemens.

HIACINTE.

LIVRE SECOND.

TANDIS que la bienueillance mutuelle, qu'vn Philofophe appelle le Sol, & le Soleil de la vie, leur en faict couler vne fi douce, que rien ne fe pouuoit égaler à leur felicité: Amour cefte paffion turbuléte, & qui renuerfe les cerueaux les plus fermes, vint faire vn orage dans ce calme, & broüiller de quelques nuages la ferenité de leurs jours. Pelagie fut le bel escueil ou la barque de leur bien-veillance pensa eschoüer, & faire vn triste naufrage. Mais le Ciel, dont les yeux regardent fauorablemēt les belles amitiez, les secourut opportunement, & ne permit pas que pour vne fausse opinion en vne si parfaitte vnion, se fist vne diuision veritable. Nous auons dit que Procore estoit naturellement enclin au jeu, c'estoit sa fureur & sa manie. Et comme chacun est sujet à la siéne, dit cet ancien, ou pour parler auec l'escriture, chacun est rauy, & alleché par sa propre conuoitise, Lascaris estoit fort sujet à l'amour, voltigeant, comme vne abeille, sur les fleurs des beaux visages que son œil rencontroit, & suçant de diuers lieux le miel de la complaisance, miel semblable à celuy d'Heraclée, qui, recueilly sur l'aconit, est tres-dangereux, & excite des vomissemens & desuoyemens, ou tout au moins des maux de cœur, des foiblesses, des migraines, des fievres, & des tournoyemens de teste. Qui ne voit que ces Amourettes que les jeunes gens forment sans dessein de mariage, parmy les diuerses compagnies, où ils frequentét, sont de ceste façó, puis qu'elles causent des inquietudes, des troubles, des émotions fievreuses, mais passageres, des cajolleries, des muguetteries, & tant d'autres fatras qui ne font qu'embarrasser leurs esprits, & en allangourir la vigueur, & la force. Mais tout ainsi qu'vne nauire, qui a flotté long-temps sur les ondes, en fin ou s'arreste dans un port, ou se brise contre un banc; il arriue ordinairement que ces volages Amours, ou rencontrent des partis qui esteignent leurs flammes dans un mariage, qui est le port des legitimes desirs, ou qu'ils se perdent dans les sables mouuans de quelques affections miserables & ruineuses. Et tout de mesme que l'auette apres auoir bourdonné sur diuerses fleurs, s'arreste en fin sur quelqu'vne, de laquelle elle espreint le suc pour en faire son rayon : Aussi ces jeunes gens apres auoir, comme dit nostre Poëte,

Couru les mers d'Amour de riuage en riuage,
Pour trouuer un rocher digne de leur naufrage:

Ou pour perseuerer en nostre comparaison, apres auoir beu des yeux ce doux venin qui se tire des belles faces attentiuement considerées, en fin las de tant tracasser & changer, il arriue pour leur bien, que leur choix se termine en quelque esprit esprouué par la conuersation en quelque beauté agreable à leur veüe, & que leur cœur s'y determinant ils en entreprennent vne honneste & iu(ste) selon les loüables loix d'Hymen. Cecy auint à Lascaris, lequel apres auoir porté diuersement le vol de ses desirs autour de plusieurs flambeaux, trouua dans les yeux de Pelagie des feux où il brusla ses aisles, & où il fut doucement forcé de quitter cette humeur volage, & de mett(re) arrest à ses affections. Ceste Damoiselle estoit de l'vne des bonnes maisons de Vicq, & qui Orfeline de pere, n'auoit plus que sa mere qui en faisoit son Idole. Ses facultez estoient honnestes, & quoy que sa beauté ne fust pas des plus eminentes, elle auoit neantmoins si bien sacrifié aux Graces que ses mignardises, & ses attraicts luy faisoient faire beaucoup de connoissáce. Et bien qu'elle blessast assez de cœurs, si est-ce qu'elle ne fit en aucun vne si large breche que dans celuy de Lascaris, qui d'vne inclination tout à faict portée à aimer, fit comme le plomb qui fond tout à coup, car n'y eut point d'interualle pour luy entre aimer ceste fille, & voir pour elle sa passion à l'extremité. Ie ne m'arresteray point icy à dépeindre la naissance, & le progrez de ceste Amour, puis que ce feu subtil s'esprend pluftoft en vn jeune cœur, que dans vne matiere sulphurée. Ces abords, ces rencontres, ces pourparlers, qui amusent en de semblables sujets des plumes oysiues, & qui n'escriuent que pour escrire, & pour estaler à la façon du Pan la bigareure de leurs couleurs, ie veux dire les fleurs de leur cajollerie, n'auront point de lieu icy, parce que i'aimerois mieux laisser des pages vuides, que de les remplir de remarques si friuoles & si creuses. Tant y a que Lascaris, à la maniere des Espagnols, qui sont idolatres quand ils aiment, ne manqua point de manifester sa passió à cette fille, qui, soit par orgueil, soit par vne secrette auersion qu'elle auoit de l'humeur de cet homme, soit par ceste modestie si ordinaire, & si seante aux Dames honorables, receut l'offre de son seruice auec tant de froideur & de nonchalance, que s'il n'eust point eu les yeux clos par ceste passion qui a de coustume de les bander, il se fust bien apperceu qu'vn si triste accueil ne pouuoit estre suiuy que de l'arrogance d'vn mespris, & de la honte d'vn fascheux rebut. Neantmoins se flattant, (selon la coustume des Amans) en sa pensée, il se persuada que ceste reception si voisine de la discourtoisie, estoit procédée de ceste crainte, qui aduient si bien aux filles qui sont

jalouses

jalouses de la conseruation, non de leur integrité seulement, mais de leur renommée, & prouenüe de la creance commune qu'elles ont que l'on ne peut renuoyer les hommes si loin qu'ils ne s'approchent tousiours s'ils ont veritablement dans le cœur la passion qu'ils tesmoignent par leurs parolles. Il suiuit donc sa pointe auec d'autant plus d'opiniastreté, qu'il trouuoit plus de resistance selon la coustume de l'esprit humain de qui la difficulté aiguise le desir. Comme il ne celoit à Procore, que ce qu'il ignoroit luy mesme, il luy declara franchement la passion qu'il auoit pour ceste dedaigneuse. Procore, qui n'auoit son Amour qu'au jeu, pensoit au commencement que ce ne fust

G

qu'vn jeu que l'Amour de Lasca-ris, & il se rioit de le voir souspi-rer, & plaindre selon la coustume de ceux qui sont frappez de ceste playe, dont on ne redoutte rien tant que la guerison. Mais quand il vid en effect le grand changement que cela apportoit au vilage de son Amy, duquel toutes les fleurs s'esuanoüissoiét pour y faire place au pasle teint de la mort, qu'il perdoit l'vsage du manger & du boire, qu'il deuenoit farouche, sauuage, maigre, solitaire, hagard, resueur, melancolique, ne se nourrissant que de souspirs & de larmes, & qu'en fin cela menaçoit sa santé d'vne euidente ruine, il se mit à le consoler en toutes les façons qu'il pouuoit, mais le vouloir diuertir de ses resueries, c'estoit luy donner la mort, & le consoler, c'estoit le mettre au desespoir, l'image de la Superbe Pelagie, nageoit tousiours dans son cerueau, & ceste fiere Idée luy donnoit nuict & jour mille assaults & mille allarmes. Sa bouche n'estoit ouuerte qu'aux regrets, ses yeux n'auoient point d'autre exercice que de pleurer, & parmy tous les sujets qu'il auoit de se contenter de sa fortune, il s'estimoit le plus disgracié homme de la terre. Cela me faict souuenir d'Aman, lequel estant au faiste de la faueur se tenoit pour mal-heureux, à cause que Mardochée ne luy rendoit pas à son gré assez de reuerence. Lascaris est dans le bien, & dans l'aise, & cependant il ne peut viure, parce que les rayons des yeux de Pela-

G ij

gie ne d'ardent pas sur ses soumissions des influences assez fauorables.

Certes c'est une erreur qui trompe
beaucoup d'ames,
De croire que les cœurs incapables
de flames,
Se peuuent par seruice enfin ren-
dre enflammez,
La pitié ne peut rien sur ces ames
rebelles,
Et d'infinis esprits qui languissent
pour elles,
Tousiours les mieux aimans en
sont les moins aimez.

Vous allez voir ces Vers conuertis en Oracle, par ce qui auint en l'occurrence que ie descris. L'estroitre sympathie qui estoit entre Lascaris & Procore, fit que cestui-cy ressentit incontinent par contrecoup les douleurs de celuy là, & se resolut en quelque façon que ce fust d'y apporter du remede. Ils estoient si conjoincts d'affection que communement par la ville on les appeloit les deux Amis, de sorte que l'vn ne frequentoit en aucun lieu, que l'autre aussi tost n'y eust le mesme accés. Procore accōpagna plusieurs fois Lascaris chez Pelagie, où il estoit aussi bien venu, & peut estre mieux, comme vous allez entendre, à cause de son humeur gaye, & elle estoit gaye, parce qu'elle estoit libre, ie veux dire d'autant qu'il n'estoit point engagé dans ces liens qui reduisent les plus genereux en vne honteuse seruitude. La regle du monde permet honnorablement aux filles qui sont à marier, la frequentation de plusieurs d'entre lesquels elles peuuent faire choix du consentement de leurs Parens de celuy qu'elles desirent pour mary. Pelagie, qui iusqu'à la rencontre de Procore n'auoit eu que des desdains, & de l'indifference pour tant de partis qui s'estoient offerts, ou plutost immolez à sa vanité, comme pour chastiment de sa volage, & altiere humeur, trouua en cestuicy ie ne sçay quoy qui arresta ses yeux, & incontinent apres qui luy attacha ses affections. Estrange humeur de fille, de tant de flammes que Lascaris, & les autres qui la recherchoient, ressentoient à son occasion vne seule estincelle ne sauta point dans son cœur, & du milieu des glaces de Procore, elle tira des feux qui l'embraserent. Elle auoit bien eu ceste complaisance d'estre aimée & seruie, qui est si naturelle à toutes celles de son sexe qui pensent auoir du merite, mais c'estoit vne complaisance maligne, par laquelle elle prenoit plaisir à blesser sans se soucier des blesseures qu'elle faisoit, au contraire se delectant dans les tourmens, & les supplices de ceux qu'elle sçauoit qui souspiroient à son occasion. Maintenant elle commence à ressentir ces mesmes gesnes, ses desirs estans tournez vers vn sujet qui la mesprise, ou pour le moins qui n'a pour elle aucun ressentiment de bienueillance particuliere. Cecy luy fit souhaitter de se soumettre ce courage rebelle, si bien que releuant sa naturelle beauté de toutes les graces, & de tous les ornemens, dont elle se pouuoit auiser, & armant ses yeux, mais ses yeux de conquestes, d'attraicts & de flammes, elle dressoit des embusches à ce cœur folastre qui se rioit de ses mignardises, qu'il tenoit pour des affetteries, & qui n'estoit possedé que de l'insatiable manie du jeu. Procore qui n'estoit pas sans accortise (qualité qui accópagne d'ordinaire les ioüeurs qui ont, ou pour le moins doiuent auoir, bon pied, & bon œil pour ne se laisser ny piper, ny surprendre) reconnut aussi tost aux bons accueils, & aux traittemens fauorables que luy faisoit Pelagie, qu'elle auoit sinon de la fievre pour luy, au moins quelque sorte d'emotion. Sur quoy baſtiſſant le deſſein de ſeruir ſon Amy, & de luy rendre vn bon office à la façon des grands courages qui ne les font pas paroiſtre, en penſant bien faire, il ſe mit en danger de gaſter tout, & de ruiner vne amitié perfaitte, qui eſtoit entre luy & Laſcaris, pour fauoriſer vne Amour volage. Il fit ſemblant d'aimer Pelagie, elle rauie de le voir dans les filets qu'elle luy auoit tendus, affin de le lier ſi bien qu'il ne ſe puſt deſprendre de ſon ſeruice & de ſa recherche, receut auec beaucoup de teſmoignage de bonne volonté ſes proteſtations, & comme elle eſtoit Idolatrée de ſa mere, elle luy fit auſſi toſt trouuer bonne la pourſuitte que Procore vouloit faire pour l'eſpouſer. Il eſt bien vray que ceſte bonne femme ayant eſté ſollicitée par des parens de Laſcaris, de luy donner ſa fille, leur auoit dict qu'elle l'auroit agreable pour Gendre, pouruẽu que Pelagie en fuſt ſatisfaitte, ne la voulant pas contraindre en la choſe du monde, qui doibt eſtre la plus libre, ſçauoir le mariage, puis que ſon eſſence conſiſte au conſentement de la volonté, qui ne peut eſtre plein, s'il n'eſt entierement libre. Mais elle les auertit de la ſecrette auerſion que ſa fille auoit pour ce jeune homme, ſelon qu'elle luy auoit declaré, ſi bien qu'elle les renuoya au tẽps, & à la bonne conduitte de Laſcaris pour vaincre ceſte difficulté. Depuis ayant appris d'elle meſme les inclinations qu'elle auoit pour Procore, ceste bonne mere flexible à ses prieres s'estoit renduë à ses desirs, de sorte qu'il ne restoit plus à ce jeune Gentil-homme qu'à la demander en mariage pour l'obtenir. Tout cecy ne se passa point sans que Lascaris ne s'apperceust (car que ne penetrent les yeux d'vn Amant) des faueurs que Pelagie faisoit à Procore, & de la secrette intelligence qui estoit entre eux. Ce qui le fit entrer en ceste si enaisie desesperée, que l'on appelle jalousie. Il se jugea trahi par la personne du monde qu'il aimoit le plus, & à qui bien qu'il eust de l'obligation, si n'estoit elle point semblable à plusieurs que ses seruices luy auoient acquises sur Procore. Il le tint pour le plus ingrat, & desloyal de tous les hommes, l'estant venu trauerser en vne recherche, en laquelle il auoit vne passion plus forte que pour la conseruation de sa propre vie. Ie ne veux point surcharger ces pages du recit ennuyeux de ses ennuis, ny des parolles que la colere, & le despit de se voir supplanté par celuy qu'il tenoit plus cher qu'vn frere, luy firent vomir contre cet innocent. Mais le Ciel qui veille sur la conseruation des vrayes amitiez, & qui les regarde d'vn œil aussi fauorable, que le Soleil faict l'or & les perles, preuint le malheur où la fureur alloit precipiter Lascaris par ce moyen icy. Procore ayant amené Pelagie à ce point de desirer qu'il la demandast pour femme, en alla lors auertir son

Amy, lequel, à la façon de ces malades qui treuuent le sucre amer à cause qu'ils ont le palais corrompu d'vne humeur peccante, estimant qu'il cachast sous ceste franche declaration, quelque trahison nouuelle, & qu'il succrast le bord du gobelet pour luy faire plus aisement aualer l'amertume de la drogue qu'il luy preparoit, sans luy permettre d'acheuer ce discours, deschargea contre luy tout le venin qu'il auoit sur le cœur par vn desbordement de plaintes, d'injures & d'outrages, qui ne se pouuoient souffrir par vne amitié perfaite, comme celle de Procore, ny sortir que d'vn cœur outré de rage & de douleur, tel qu'estoit celuy de Lascaris. A la fin ce torrent ayāt passé sa plus forte furie, apres cet orage creué le calme reuint, & les rayons du Soleil des raisons de Procore, auec vne douceur incroyable commencerent à dissoudre les nuages & les broüillas qui offusquoient l'esprit de son Amy. Procore luy protesta qu'il auoit plutost de la haine pour Pelagie que de l'Amour, & que s'il l'aimoit ce n'estoit que pour la voir honnorée de la bienveillance de Lascaris. Que ce qu'il s'estoit caché de luy en la pratique qu'il auoit faitte, n'auoit esté que pour le seruir plus vtilement, & mesme plus honnorablement luy estant auis que les bien-faicts les moins timpanisez estoient les plus solides. Qu'il s'estimeroit pour le plus traistre, & le plus noircy d'infidelité qui fuſt iamais s'il auoit voulu courir ſur les briſées, & le marché de Laſcaris, & luy rauir l'affection, & la poſſeſſion d'vne maiſtreſſe qu'il recherchoit auec tant de paſſion, luy promettant que ſi par le paſſé ſa conduitte n'auoit pas reüſſi ſelon ſa penſée, & auoit eſté mal priſe par ſon Amy, il luy donneroit ſujet de crime par la ſuitte qu'il y auoit plus de verité que de feinte en ſes parolles. Laſcaris qui ne ſe pût pas guerir tout à coup de la profonde playe que la jalouſie auoit faitte en ſon ame, luy repliqua moitié appaiſé, moitié en colere, qu'il ſe rapportoit aux effects pour ſe perſuader ces belles promeſſes, mais qu'il euſt mieux aimé ſe jetter dans mille morts que de faire vn ſemblable

tort à Procore s'il l'eust veu embarqué en vne affection. A quoy Procore repliqua qu'il feroit de sorte qu'il seroit contrainct de perdre la mauuaise opinion qu'il auoit conceüe de sa sincerité, soit en luy faisant auoir Pelagie pour femme, à quoy il employeroit toute son industrie, soit en sortant de la cité de Vicq, pour luy leuer tout ombrage. Et d'effect aussi tost qu'il vid Pelagie, il luy dist que son Pere despité de ce qu'il ne luy auoit point communiqué sa recherche, ne trouuoit pas bon qu'il la demandast pour femme, le menaçant non seulement de ne luy rien donner en faueur de mariage : mais de le desheriter s'il passoit outre en ceste poursuitte, que ceste deffence l'arrestoit
tout

tout court comme vne Remore, encore qu'il cinglast à pleines voiles vers l'accomplissement de son dessein. Quelle atteinte donnerent ces parolles dans le cœur de ceste fille passionnée, ie le laisse juger à ceux qui sçauent quel effort faict vne affection violente dans la foiblesse de ce sexe impuissant. Apres auoir tesmoigné par beaucoup de larmes le regret qu'elle auoit de se voir priuée d'vn bien, dont elle se tenoit asseurée, en fin jugeant qu'en ceste extremité, ainsi qu'vn flambeau qui se meurt, il falloit faire paroistre ses plus grandes flammes, & faire de puissans efforts pour la conqueste de ce cœur. Ie n'eusse iamais creu, luy dit elle, Procore, que vous eussiez eu si peu de coutage que de vous arrester à vne si legere difficulté. Il faut que l'Amour soit bien foible qui ne peut surmonter vn obstacle si peu considerable : ie ne suis qu'vne fille, mais si puis-je dire que j'ay plus de fermeté que cela : car il n'y a ny consideration des biens, ny volonté de parens, ny empeschement aucun qui eust pû me retarder d'estre vostre, si j'eusse trouué en vous autant de bonne volonté que vous en auiez rencontré en moy. Ie voy bien que l'auarice de vostre pere luy a faict chercher ceste excuse pour ne desgarnir point ses mains d'vne partie de son bien, que la bien séance l'obligeoit de vous remettre en vous mariant ; mais si vous jettez l'œil sur ceux que j'ay, qui font plus amples que ceux que vous pouuiez esperer de luy en auancement de son heritage, vous cónoistrez que vous auiez auec moy le moyen de maintenir vostre qualité auec honneur, & de vous passer de la succession de celuy qui prend si peu de soin de vostre fortune, ou pour le moins d'attendre qu'il repose en paix, ou que sa colere soit passée si en cette alliance vous contreuenez à sa volonté. C'est pour soy-mesme que l'on se marie, & non pour ses parens, & quoy que la decence vueille qu'on recherche leur consentement, si ne doiuent ils pas s'vsurper vne telle Tyrannie d'empescher que ce qui est faict au Ciel, ne s'accomplisse en la terre, & de s'opposer à vn lien sainct &

H ij

honorable, principalement quand la raison & l'egalité seruent de regle aux affections de ceux qui se veulent engager sous ce joug. Si ceux qui y sont attachez doiuent pour leur partie quitter pere & mere, pourquoy ceux qui s'y veulent sousmettre, n'auront ils pas ceste liberté? Peut estre, direz-vous, que ie parle bien à mon aise ayant en mes mains la volonté de ma bonne mere, mais ie vous asseure que ce n'est point cela qui me tire ces paroles de la bouche, car c'est vous que j'ay desiré pour espoux, non pour vos biens, mais pour les qualitez recommandables que j'ay reconnuës en vostre personne, & que ie vous ay donné mon affection, non parce que ma mere me le permettoit: mais parce que mon inclination portoit ma volonté à vous cherir. Tant de protestatiōs d'amitié par lesquelles vous auez coulé dans ma creance l'asseurance que vous me vouliez du bien, n'ont seruy que de fueille à la desloyauté de vos pensées, parce que si les sentimens de vostre cœur eussent respondu à vos parolles, la crainte d'vn Pere eust esté engloutie pour la vehemence de vostre affection: mais puis que celle-cy a esté chassée par l'autre, ie connoy que vostre Amour a esté fausse & pareille à ces metaux qui n'ont que l'éclat de l'or, mais non pas la valeur. Car quand l'Amour possede entierement vn esprit, il met toutes choses au dessous de soy, & ne permet pas que rien soit preferé au sujet que l'on aime,

Les respects que l'on a aux loix
du parentage,
Sur une forte Amour n'ont pas
un grand pouuoir,
Et l'Amour est bien foible en un
gentil courage,
S'il ne peut s'esleuer par dessus ce
deuoir.

Vertueuse Pelagie, repliqua Procore, il est vray que l'on se marie pour soy-mesme, & non pour les parens : mais c'est vn si sage marché que celuy là, qu'il ne faut pas pour le conclure appeler à conseil cet Amour que l'on peint auec vn bandeau sur les yeux, ou bien celuy qui a autant d'ieux qu'Argus, ie veux dire qui est tout remply de considerations prudentes & serieuses, car en fin on se marie pour sa posterité: & comme il faut redouter la malediction de ceux qui nous ont mis au monde, il faut auoir esgard à ceux qui nous doiuent suiure de peur qu'ils ne portent, bien qu'innocens, la peine de nostre legereté. C'est vn grand creue-cœur à vn pere de laisser des enfans paures, & dans la misere à la necessité, & c'est ce qui a de coustume d'arriuer à ceux qui se marient contre le gré de leurs parens, Dieu le permettant ainsi par vn iuste iugement pour les chastier de leur desobeissance. Les exemples de cecy sont si frequens, & frappent nos sens & nostre raison auec tant de force que quelque violente que fust mon affection, son cours seroit

fort allenty pour l'apprehen-
sion de la disgrace paternelle,
car en fin nos parens sont nos
Dieux terrestres & qui tiennent
en leurs mains nos bonnes &
nos mauuaises destinées, & comme ils nous ont doné l'estre, il est
en eux de rendre le cours de nostre vie heureux ou mal-heureux: mais ie croy que la patience aidée du temps qui brise les
rochers pourront remédier à nostre peine, mais souhaitter de la
constance en vne fille, n'est-ce
point desirer vne chose impossible & pareille au Phœnix.

*Duquel on parle assez, & que
l'on ne voit point.*

Ha! Procore, s'escria Pelagie,
qu'il vous auient mal d'accuser
nostre sexe d'inconstance, au
mesme temps que vous donnez

vne preuue si manifeste de l'instabilité du vostre. Mais j'aime mieux dire auec ce Romance.

Que le droict de changer acquis à
tous les hommes,
Excuse tout autans vostre legereté,
Que la fragilité du sexe dont nous sommes,
Faict meriter de gloire à ma fidelité.

Quelque excuse que vous cherchiez, quelque pretexte dôt vous couuriez vostre irresolution, vous ne pouuez euiter le blasme de manquer & d'Amour ou de courage: lequel que ce soit de ces deux deffauts, il vous est aussi peu honnorable qu'à moy, d'estre delaissée. Ie ne sçay, repliqua Procore, ce qui peut estre en moy, d'où ie puisse attirer tant de bien-veillance que vous m'en faittes paroistre, mais ie puis dire que ceste influence de mon estoile me rend en mesme temps heureux, & mal-heureux; heureux de me voir aimé d'vne personne de tant de merites; malheureux de ne pouuoir reconnoistre ceste affection en la façon que ie desirerois. Plust au Ciel que pusse aussi bien estre à vous que i'en aurois de volonté: mais n'estant pas à moy mesme, & par les loix diuines & humaines me trouuant en la puissance d'autruy, ne seroit-ce pas m'attirer sur la teste le courroux de la terre, & du ciel, que de renuerser toutes ces ordonnances pour contenter ma passion: certes nous ne sommes hommes que par la raison, & si nous écartons nostre volonté, & nostre conduitte de ce droict chemin, nous tombons en des precipices. Ce me sera tousiours vn extreme contentement, chere Pelagie, de me sçauoir en vos bonnes graces, mais de quel œil pouuez vous me voir auec cet obstacle de mon deuoir, qui se met au deuant de mon affection? C'est ce qui me contrainct à mon prejudice mesme de vous prier pour ceste excellente generosité que vous faittes paroistre en toutes vos actions, de rendre plus moderée ceste ardeur que vous tesmoignez auoir de nostre Hymen, affin que ceste moderation serue de planche à la patience qui nous est necessaire pour sortir de ce labyrinthe où nous nous sommes engagez auec aussi peu de Prudence que beaucoup de simplicité. Ah! reprit Pelagie que vous tesmoignez auoir bien peu de passion, puisque vous auez tant de patience, cet empire que vous auez sur vous mesme, monstre que l'Amour regne peu dans vostre cœur. Le charbon qui a si peu de chaleur est proche de s'esteindre, & celuy qui ayme froidement, est sur le point de n'aimer plus du tout. Il en sera neantmoins comme vous voudrez, ie ne vous veux pas contraindre en ceste affection, puis qu'il n'y a rien de si contraire à l'affection que la contrainte, cela vous puis-je dire que comme ie ne pouuois attacher plus dignement la mienne, peut estre la pouuiez vous plus fauorablement accueillir:

vous pouuez bien estre à vn autre, mais Pelagie ne peut iamais estre qu'à vous. Les larmes qu'elle versa en abondance apres ceste parolle, toucherent le cœur de Procore, qui n'estoit pas insensible, & ce ne fut pas sans effort qu'il resista à ce langage coulant, qui eust pû cauer & enchanter les rochers. O Lascaris! quelle preuue d'amitié vous rend icy Procore en la violence qu'il se faict d'opposer le respect qu'il vous porte à ce charme puissant de l'Amour, qui n'exempte presque iamais d'aimer les personnes qui se voyent veritablement aimées. Il y resista neantmoins, & bien que l'assaut fust rude, & l'allarme furieuse, si est-ce que par vne forte resolution de seruir son Amy, mesme à son dommage il reboufcha tous les traicts que l'Amour caché en embufcade dans les yeux, pleurans de cefte fille affligée tiroit puiffamment contre fon cœur. Il protefta depuis à Lafcaris, qu'il ne luy auoit iamais rendu de feruice qui luy couftaft tant que celuy là, & que les traicts de la mort font moins forts, & moins redoutables que ceux de la bien-veillance. L'amitié donc (chofe fort rare) furmonta l'Amour en luy en cefte rencontre, & à trauers tant de doux efforts qui le fembloient batre en ruine, il luy demeura affez de lumiete pour trouuer cefte fubtilité affin de mettre fon amy en fa place. Aimable Pelagie, dit-il, puis que dans fi peu de patience, que vous donne voftre paffion vous me tesmoignez tant de desir de m'obliger honorablement. Si vous me voulez promettre de ne me refuser point en vne demande fort iuste, & pleine d'honneur, ie vous ouuriray vn moyen qui nous tirera bien tost de la peine où nous sommes, & qui rendra vos souhaits accomplis. La viue couleur qui remonta au visage de Pelagie, & la seuerité qui reuint à ses yeux, firent assez connoistre à l'auisé Procore qu'elle pensoit estre plus voisine de sa conqueste qu'elle n'estoit, & parce qu'elle ne se fust iamais imaginé la priere que Procore luy vouloit faire, elle luy jura qu'il auoit tant acquis sur son ame qu'elle feroit mesme l'impossible pour luy agreer, se confiant si fort en sa vertu qu'il ne penseroit à rien, qui puſt prejudicier à ſon honneſteté. Tant s'en faut, repartit le ruſé Procore, qu'au contraire ce que j'ay à vous propoſer regarde ſa conſeruation, & noſtre commun contentement. Pelagie ſe perſuadant qu'il ne pouuoit en termes plus clairs luy dire que c'eſtoit vn expedient pour auancer leur mariage.

Chacun penſant, que doit toſt auenir
Ce qu'il deſire, & qu'il voudroit tenir.

Luy promit ſolemnellement de faire tout ce qu'il luy conſeilleroit. Si iamais vous m'obligeaſtes à vous vouloir du bien, repartit Procore, c'eſt maintenát, & faut que j'auoüe que iamais aucune de vos actions ne m'a rendu

rendu plus vostre. Mais auisez bien encor vne fois à ne me refuser pas, car autrement ie vous proteste que la premiere chose que ie ferois, ce seroit de me priuer pour iamais de vostre presence, & de ne me fier plus en vostre parole. Elle l'asseura encore auec serment de n'estre point esconduit. Alors il la conjura par toute l'amitié qu'elle luy auoit iamais portée, comme par la chose qu'il estimoit deuoir auoir plus de force sur son esprit, de transferer toute ceste affection en Lascaris; qu'il protesta non seulement estre vn autre luy-mesme : mais d'aimer plus que soy-mesme. Que deuint à vostre auis la pauure Pelagie à ceste conjuration, de dire qu'elle parut aussi deffaitte qu'vn

I

mort & sans pous, ny mouuement, c'est trop peu pour exprimer la douleur qui la vint saisir. Elle demeura quelque temps sans parler, faisant assez connoistre à sa contenance que les petites ou mediocres douleurs, se donnent à entendre: mais que les excessiues estonnent de sorte l'esprit qu'il ne luy reste point de faculté pour s'exprimer. Apres que l'excez de son saisissement luy eust redonné la puissance de respirer, d'vn œil tout changé, & d'vne voix languissante se retournant deuers Procore elle luy dict: Cruel auiez vous reserué jusqu'à present à me descouurir vostre mauuais dessein? ie l'appelle mauuais, puis qu'il est si ruineux à nostre affection, qu'il en enleue mesmes les fondemens, si ce que vous dittes est veritable, il est temps que ie me donne en proye au desespoir, & que ie cesse de viure: mais puisque vous auez pû m'amuser de tāt de feintes, & par des protestations dissimulées faire naistre en moy vne veritable & sincere amitié, puis-je croire que vostre cœur & vostre bouche s'accordent, ou si vous auez vne double langue comme vous auez vn double cœur, si c'est pour essayer ma fidelité & ma constance prenez, garde que cet essay ne me donne la mort, & ne vous rauisse par ma perte la personne du monde, qui vous cherit dauantage. Bien qu'à ce discours Procore fust esmeu à pitié, si est-ce qu'il eut tant de pouuoir sur soy-mesme de ne changer point de resolution, &

I ij

de ne rendre à tant de pleurs qui ruisseloient des yeux de Pelagie aucune larme de compassion. Ses paupieres seches firent connoistre à ceste fille

(Car qui peut tromper une
Amante,
Que sa passion rend sçauante)

que Procore ne disoit que trop vray, & son silence ne seruoit que d'vne trop ample confirmation à sa conjecture, si bien qu'elle rechargea d'vn ton de voix aspre, & poignant, Barbare puisque tu me reserues à des maux si cruels, & que pour recompense de tant d'amitié dont i'ay fauorisé ton ingratitude, tu me payes d'vne separation, & me renuoyes à celuy que tu aimes plus que moy, & que ie hay autant que tu l'aimes, ie veux desormais armer les pointes de mes regards de tant de desdains contre cet homme, que ie voy estre la cause de mes deplaisirs, qu'il aura sujet de croire qu'en luy seul ie me vengeray de vous deux, sçachant bien que les outrages que ie luy feray rejalliront contre ta face. Procore par de douces excuses amollissant, & attendrissant ce courage irrité, jettoit de ceste façon de l'eau sur ce feu, taschant de luy persuader que ne la pouuant posseder à cause de la deffence de son Pere, il auoit faict dessein de la rendre l'Espouse de son Amy, affin de l'aimer comme sœur: puis qu'il tenoit Lascaris pour son frere. A cecy Pelagie adoucissant sa voix comme son courage (car ce sont deux choses qui vont vn

I iij

mesme bransle, ainsi que sur la mer font les vents & les flots.) Procore, dit elle, vous estes meilleur Amy que fidelle Amant, & ie m'estonne que vous soyez le seul au monde qui ignoriez les auantages qu'a l'Amour sur l'amitié, plust à Dieu que vous eussiez aussi bonne raison, que vous en sçauez bien faire valoir vne mauuaise, affin que i'eusse autant de sujet de vous pardonner, que i'en ay d'enuie. Mais dittes moy, Procore, s'il vous reste encore quelque bluette non de bien-veillance, mais de compassion seulemét, que vous auoit faict Pelagie, pour vous joüer si indignement de sa credulité; qu'auez vous trouué en moy de reprehensible & desagreable, affin que sça-

chant par vous mes deffauts, ie
tasche de m'en corriger? Que ie
ne sois pas plus cruellemét trait-
tée que les criminels, ausquels
on dit la cause de leur supplice,
auant qu'ils en ressentent l'effect. Ignoriez vous l'extreme
auersion que i'auois de celuy
que vous me proposiez pour tenir vostre place en ma recherche? Pensez-vous que l'on puisse changer de cœur si facilement, & que ce me soit vne
chose aisée de vous en oster,
& de l'y receuoir? pensez
bien à cela, & voyez si i'ay raison de vous dire auec ce Romance.

A qui me donnez vous, vous à
qui ie me donne,
Au lieu de m'approcher vous
m'esloignez de vous,

I iiij

Un Enfer si cruel, & un Paradis si doux,
Partageroient ils bien en une mesme personne ?

Ouy, car c'est ainsi qu'il faut que j'appelle la conversation de Lascaris qui m'est insuportable, & la vostre, en laquelle j'avois mis le plus haut point de ma felicité. Procore qui se sentoit insensiblement enchaisner par ces douces paroles, & que les graces de Pelagie gaignoient païs dans les terres de sa volonté, prenant occasion d'une compagnie qui arrivoit en la maison de Pelagie avec d'assez mauvaises excuses se retira de ce rivage, où s'il eust sejourné d'avantage, il estoit en danger de faire naufrage de sa liberté. S'il laissa ceste fille en des douleurs inconsolables il n'emporta pas moins de regrets de ne pouuoir seruir son Amy selon qu'il eust desiré: mais se consolant du tesmoignage de sa conscience, il crût auoir faict ce qu'il auoit dit, ayant faict ce qu'il auoit pû. Sa peine estoit de quelle façon il feroit sçauoir à Lascaris (qui estoit aux escoutes, & qui attendoit sa responfe, comme l'arrest de sa vie, ou de sa mort) le peu qu'il auoit auancé pour sa satisfaction, car il craignoit qu'il ne prist de la main gauche, le seruice qu'il luy auoit rendu de la droitte, & que par vne inegalité d'esprit ordinaire aux personnes passionnées, il ne condamnast sa conduitte par le succés contraire à son desir. Et en cecy il ne se trompa point, parce que Lascaris croyant estre vendu, & que son Amy, & Pelagie se joüoient de luy, comme d'vne pelotte, entra en la plus grande fureur qu'il eust iamais euë, iusques à fuir la rencontre de Procore, comme d'vne ombre malencontreuse. Cependant Pelagie qui ne pouuoit se deffaire de l'affection qu'elle auoit pour Procore, ne faisoit que resuer aux moyens de gaigner la volonté du pere de ce jeune Gentilhomme, qu'elle estimoit estre contraire à sa pretension. Comme elle auoit l'esprit delié, & de plus subtilizé par ceste passion qui tireroit du feu du milieu des pierres, elle fit en sorte qu'vn de ses parens qui auoit accés auec le pere de Procore, luy parla de la frequentation que son fils auoit chez Pelagie pour sonder si elle luy estoit desagreable, & tant s'en faut que ce pere en tesmoignast du mescontentement, qu'au contraire il loüa le iugement de son fils, d'auoir choisi vn si digne object pour addresser ses vœux, monstrant que s'il entroit dedans ceste recherche, il en seroit bien content. Cette meche descouuerte Pelagie iugea aussi tost (comme il estoit vray) que ceste repugnance auoit esté inuentée à plaisir par Procore, & que cela venoit de l'artifice de Lascaris, pour voir le bout de ceste fusée : elle fit en sorte vers sa mere qui ne voyoit que par ses yeux, de faire parler au pere de Procore, par ce mesme parent qui en auoit mis les fers au feu, d'entendre à ce mariage, veu que son fils estoit fort auant en sa recherche, & mesme s'estoit comme engagé de parole, pourueu qu'il ne l'eust pas desagreable. Ce parent, qui estoit homme de bon discours, sçeut si dextrement manier, & ceste affaire, & l'esprit du pere de Procore, luy representant les perfections de la fille, & la valeur de son bien, qui n'estoit pas mediocre, que ce pere, qui ne demandoit que l'auancement de son fils, & qui le mesuroit à la regle, & au nombre d'or que l'on luy monstroit, y consentit aussi tost auec des remercimens qu'il fit à cet Amy, du soin qu'il prenoit de sa famille. Tout cecy se traita si secretement que Procore n'en sçeut rien que par la bouche mesme de son pere, qui le prenant vn iour à part, luy dit qu'il auoit entheriné sa requeste, & qu'il loüoit son iugement. Quelle requeste Seigneur, reprit l'estonné Procore. Et bien, repliqua le pere, vous vous marierez quand il vous plaira, à cela ne tienne que vous ne soyez content. Seigneur, repartit Procore, c'est vn marché auquel ie ne suis pas encore resolu, & ie vous supplie de ne le terminer pas que ie n'en sois, vous en serez aussi, reprit le pere, puisque la feste sera pour vous. Seigneur, repliqua Procore, puis qu'il est question de me lier, & de m'emprisonner, encore me ferez vous bien la faueur de me nommer ma prison, & de me monstrer les liens indissolubles, ausquels vous me voulez attacher toute ma vie. Vous faittes bien le fin, reprit le pere, d'vne chose qui n'est ignorée que de ceux qui sont estrangers en ceste ville, ne void on pas assez où sont vos conuersations ordinaires, & où est le centre où tendent vos desirs? Seigneur, respódit Procore, les Amans imitent quelquefois les rameurs qui fuyent du lieu où ils monstrent le visage: les hommes voyent l'exterieur, mais non pas les affections qui sont cachées dans l'ame. Si est-ce, reprit le pere, que quand on void des estincelles, il est aisé à conjecturer que le feu n'est pas loin. Encore qu'on die, respondit Procore, qu'il n'y ait point de feu sans fumée, si est-ce qu'il peut y auoir de la fumée sans feu, & des apparences de choses qui n'ôt point d'effect. Se pourroit-il bien faire, reprit le pere, que vous eussiez si promptement mis en oubly les prieres que vous m'auez faict faire touchant l'accomplissement de vos promesses? Seigneur, dit Procore, si vous ne parlez plus clairement, vous ne deuez pas attendre que i'explique vos enigmes, ie ne vous ay faict prier de rien, & ne pense auoir rien promis, quiconque vous a porté parole de ma part a parlé sans commission. Il faut donc, respondit le pere, que i'aye esté preuenu, si est-ce que l'on a tiré parole de moy, que ie me conformerois à vos desirs en vne recherche que j'ay trouuée pour vous, & honorable, & auantageuse, & comment que ce soit, il faut desbrouiller ceste fusée, & se bien expliquer pour ne tomber dans la confusion d'vne mesme intelligence. Alors il luy raconta comme vn des parens de Pelagie, qu'il luy nomma, l'auoit sondé pour sçauoir s'il auroit agreable la recherche que faisoit son fils de ceste fille, d'vne façon si ouuerte que chacun en estoit informé; le collyre de ceste declaration fit cheoir les écailles des yeux de Procore, & luy fit voir. Pelagie s'estoit seruie de ce stratageme pour descouurir la volonté de son pere qu'il luy auoit dit estre contraire à son dessein. D'abord il se trouua vn peu surpris, ne sçachant promptement comme reparer ceste faute. Mais apres auoir vn peu ramassé ses pensées; il est vray

vray Seigneur, reprit il, que i'ay depuis quelque temps frequenté en la maison de ceste fille, & que i'ay eu de la complaisance en sa conuersation. Mais que i'en sois venu iusques là, de prier celuy que vous m'auez nommé de vous parler de ceste alliance, c'est ce que ie nie, comme ce qui ne fut iamais. Ie ne suis pas si vain que de vouloir faire trophée de ses faueurs & de sa bienveillance, ny si malin que ie vueille m'emporter à la mesdisance sur vn sujet loüable, mais ie vous supplie sans tomber dans ces deux extremitez que ie tiens également blasmables de me permettre de vous dire ceste verité, que l'on voudroit bien telle Dame pour maistresse, que pour rien du monde on me voudroit pour femme, & ie vous prie que me tenant dans la modestie, ie ne sois pas obligé à vous en dire dauantage. Qu'il vous suffise que i'ayme mieux ce meuble là dans la maison d'vn de nos voisins que dans la vostre. C'est tout ce que i'en puis auancer, pour ne sortir des bornes de la moderation. En ces matieres icy, les gens du siecle prennent tousiours les choses ambigües en la mauuaise part, ce qui fit conjecturer au pere de Procore, que son fils auoit recours quelque chose de sinistre en ce party, si bien que s'il auoit estimé son iugement en son choix, il loüa sa prudence en sa retraitte, comme vne action qui surpassoit son âge, auquel on n'a pas pour l'ordinaire tant de conduitte, ny vn si grand pouuoir sur ses passions. Tant s'en faut, luy dit-il, que ie vous y vueille presser ou contraindre, ce qui ne tomba iamais en ma volonté, qu'au contraire ie vous aideray à sortir de ce fascheux pas, au cas que vous y fussiez engagé, ce que vous me deuez auoüer confidemment comme à vn bon pere qui ne souhaitte que vostre honneur & vostre auancement. Ie n'y suis nullement engagé, reprit Procore, ny de paroles d'y descrit, & de cela ie vous en donne l'asseurance que l'on doit auoir en la foy d'vn Gentil-homme, tel que vous m'auez faict naistre. Et l'effect vous le fera paroistre, s'il vous plaist de dire à celuy qui vous a porté ceste parolle, que ie desauoüe que vrayemét vous auiez eu quelque pensée de condescendre à mes desirs, mais que le conseil de vos Amis vous a dissuadé ceste alliance pour des causes dont vous ne voulez pas vous expliquer, & ie vous supplie Seigneur de n'en dire pas dauantage que ie vous en ay dit, & de ne soupçonner rien de sinistre de ceste honneste fille, parce que ie m'estimerois indigne d'estre appellé Cheualier si ie ternissois en aucune façon la reputation d'vne Dame. Il ne faut pas tousiours prendre les choses au criminel, l'humeur bigeare n'est pas incompatible auec l'honneur, plustost il semble que la vertu d'honnesteté tient vn peu du sauuage. Si le premier discours de Procore auoit esté accüeilly de son pere

Liure Second. 149

comme vn rayon de prudence, ce second fut reçeu pour vne marque de gentil courage, qui ne se plaist point à deschirer la reputation d'autruy, & principalement du sexe imbecille, & qui n'a point d'autres armes que ses larmes, pour se ressentir d'vn affront. Il luy promit donc de se tenir ponctuellement à ce qu'il luy auoit dict. La premiere fois que Procore reuid Pelagie qu'elles reproches ne luy fit elle de sa mensonge, & duplicité, sur ce qu'il auoit pris la deffence imaginaire de son pere, pour bouclier de son ingratitude. Tout ce que le despit a de coustume de pousser par la bouche.

Lors qu'en sa plus forte rage,
Vn cruel forceuenement,
Causé par vn grand outrage,

Maistrise le sentiment.

Fut alors jetté au visage de Procore, par ceste fille Amante & furieuse, & puis, dit elle en concluant, couurir sa trahison & sa perfidie de la volonté d'vn pere, qui donnoit les mains sans qu'on les lůy demandast. Ha! traistre, & le plus noircy d'infidelité, que le Soleil éclaira iamais, c'est donc ainsi que tu deguisois ta malice, pour me remettre par tes artifices entre les mains de ton Amy que ie tiens pour mon plus grand Amy, va! va le trouuer & luy dy que si iamais il me dresse de semblables pieges, il faudra qu'ils soient bien couuers si ie ne les euente, & ie ne me fierois iamais aux sermens d'aucuns homme, ô! que i'estois sotte de croire qu'il en eust d'autres au monde que des trompeurs. Retire toy donc ingrat auec ton Lascaris, & si tu ne changes de cœur, que ie ne voye iamais ton visage escueil de mes pensées, & la douce prison de mes yeux abusez, non que le Ciel ne me pardonne iamais, si ie te pardonne ceste supercherie. Procore beaucoup moins esmeuë de ceste tempeste qu'il ne l'auoit esté du calme de ses doux propos, la regardant fixement entre les yeux, luy respondit auec vne froideur meslée d'accortise : Courroucée Pelagie, il est aussi malaisé de discerner la verité dans le tumulte, d'vne passion turbulente, que de voir sa face dans vne eau agitée & troublée. S'il ne tient qu'à m'escarter de vostre presence que vous ne serez en paix, asseurez vous d'auoir bien tost le calme, mais auant ceste retraitte pourray-je me promettre de vostre courtoisie vn moment d'audience. Pelagie à qui ce mot de retraitte & ceste façon de parler douce & temperée arrachoit le cœur, & qui se fust volontiers repentie de ses parolles outrageuses, si vn secret orgueil compagnon inseparable de la beauté ne l'en eust empeschée luy fit signe qu'il parlast, & il continua ainsi. Ie ne sçay pas qui vous peut auoir dit, que mon pere consente à vne chose qu'il m'a expressement deffenduë. Soudain Pelagie l'interrompant, & ne pouuant, comme fille, celer vn secret, luy nomma ce parent qui auoit sondé la volonté de son pere. Segnora, reprit le Catalan, s'il y a de la varieté, elle sera dóc en l'esprit de mon parét, non pas en moy qui n'ay pas accoustumé de souffler le chaud & le froid d'vne mesme bouche, nos parens sont les premiers mobiles de nos volontez qui leur donnét tel branfle, qu'il leur plaist, soit en auançant, soit en retirant, nous deuons estre comme de la cire molle entre leurs mains, à laquelle ils donnent la forme & l'impression qui leur est agreable. Au commencement ie ne trouuay pas mon pere si eslogné de mes desirs: mais depuis ie l'en ay trouué tout refroidy, & à la fin changé, & ie ne sçay de quel vent m'est arriué cet orage. Faites moy ceste grace pour ma iustification, & vostre contente-

ment de luy faire parler ce mefme Gentil-homme auant que ie
le voye, affin que vous n'ayez
aucune occafion de foupçon-
ner ma fincerité, & s'il fe trouue
autrement que ie ne dis alors,
que ie fois pour iamais banny de
vos bonnes graces, & de voftre
prefence. Pelagie qui l'oyoit
parler d'vn fens fort raffis, &
auec vne contenance affeurée,
prit cefte occafion aux cheueux,
pour fatisfaire à fa curiofité autant qu'à fa paffion affectueufe,
& luy commandant de demeu-
rer chez elle : auffi toft elle alla
trouuer fon Parent, qui fut
promptement parler au pere de
Procore, lequel il rencontra
tout changé, & qui luy fit la ref-
ponfe qu'il auoit concertée
auec fon fils. Reuenu chez Pela-

gie qui n'attendoit rien moins que ce rapport, que deuint elle, quand elle ouyt le recit du changement de ce pere, certes les changemens de son visage, tesmoignerent assez les alterations de son esprit, elle voulut venir aux excuses, & aux supplications pour adoucir Procore qui monstroit vn maintien fort irrité, mais la peur qu'il eut que ces flatteries n'attendrissent son courage; Belle Pelagie, luy dit il, apprenez que Procore a le cœur d'vne meilleure trempe que vous ne l'auez creu, ie vous pardonne vos injures, puisque c'est vn combat, duquel la victoire appartient aux vaincus, mais pour vous tesmoigner également mon obeissance comme ma fidelité, ie me vay bannir de devant vos yeux pour leur oster vn spectacle, qui ne leur peut estre agreable, puis qu'ils ne me peuuent voir sans vous donner vne secrette honte du tort que vous m'auez faict. A cela ie suis obligé, outre vostre commandement par celuy de mon pere, qui me doit estre inuiolable selon les loix diuines, & puis qu'il m'a non seulement deffendu de continuer ma recherche: mais encore de frequenter ceans pour luy leuer tout ombrage, que ie la poursuiue, ie veux me priuer d'vn bien qui m'estoit fort cher, que si i'ay desiré que celuy qui est vn autre moy-mesme y fust mieux venu par mon absence en quoy ay-je failly de souhaitter à vn Amy, vn bien dont ma mauuaise estoile me priue. Que si vous traittez mal son innocence, vous me donnerez sujet de croire que vous ne m'auez iamais aimé, puis qu'il est impossible de m'aimer, & de haïr Lascaris. Auec ce mot il fit vne grande reuerence, & laissa Pelagie, la bouche ouuerte, & sur le point de luy respondre. Pour dire les douleurs qui l'accueillirent, il faudroit estre bon Orateur, il suffit de dire qu'vne pamoison les exprima, & bien luy prit de ce que ce Parent se trouua là pour crier au secours qui luy fut donné si a propos qu'elle reuint à soy : mais si changée, & auec vn visage si abbatu qu'il sembloit, ou qu'elle voulust aller au cercueil, ou qu'elle en reuint. Elle eust sans doute esté beaucoup plus honteuse d'auoir rendu ce violent tefmoignage de l'excez de fon Amour, fi cet accident luy fuft arriué en la prefence de quelque autre, que de ce Parent, lequel, à ce que vous pouuez iuger de fon entremife, n'en fçauoit des-ja que trop de nouuelles, le premier appareil qu'elle mit à fa playe ce fut la folitude, & le filence, fi encor elle garda le filence dans la folitude, car eftant retirée dans fa chambre, quand elle fe vid en la plaine liberté de fe plaindre, que ne dict elle contre le Ciel, contre la terre, contre Procore, contre elle mefme, tantoft accufant, tantoft s'appaifant, tantoft s'excitant à de nouuelles fureurs, ce fut parmy ces tranchées & conuulfions, qu'elle digera le premier effort de fon amertume.

Cependant Procore pensant accoster Lascaris pour le rendre certain de ce qu'il auoit faict, & tascher de luy arracher du cœur l'espine de la jalousie, ne pouuoit trouuer le moyen de le joindre: car il éuitoit son abord, auec des fuittes si estudiées, qu'il se rendoit inaccessible, & de ceste sorte ingenieux à prolonger son tourment. A la fin Procore espia si soigneusement l'occasion de le surprendre, qu'il n'eust pû sans vne extreme, non pas inciuilité, mais barbarie, s'exempter d'oüir les raisons de cet Amy desolé, qu'il auoit autrefois aimé plus que soy-mesme, & qu'il aimoit encore malgré tous ses desdains en la façon que le brasier se conserue long-temps sous la cendre. Procore mesnageant bien ceste occurrence luy fit vn recit au vray de ce qui s'estoit passé entre Pelagie, & luy, & comme rompant tout à fait auec elle, il auoit mesme entremis l'authorité de son pere, pour auoir vn plus specieux pretexte de se retirer de la frequentation de ceste fille. En somme il n'oublia rien pour luy faire connoistre le fond de son cœur, & les industries dont il s'estoit seruy pour le mettre aux bonnes graces de Pelagie, ce qu'il n'auoit pû obtenir. Et voila l'encloueure, reprit Lascaris, vous pensez vne playe, & vous laissez le fer dedans, ne vois-je pas bien que ces artifices que vous feignez, ne sont faicts qu'à dessein de cacher vostre artifice veritable. Vous feriez mieux de parler franche-

franchement, ie m'en appaiserois plutost, ie sçay qu'en Amour on trahiroit son propre frere, & que l'on tromperoit son propre pere, ce feu est comme celuy de la poudre qui ne faict iamais tát d'effort que quand il est bien serré. Cette mine ne vaudroit plus rien si elle estoit euentée. Le temps fera tomber ce fard. Tout ce que ie puis donner à nostre ancienne amitié, c'est de souffrir cet outrage sans vengeance, au moins contre vous, mais non pas contre moy-mesme, puisque ma mort vous priuera bien tost du plus entier Amy que vous eustes & aurez iamais. Vne chose seule vous rend non seulement excusable, mais digne de loüange, c'est le merite du sujet qui vous capti-
L

ue, duquel les charmes sont si doux & si violens qu'il seroit capable de rendre vn cœur infidelle à tout autre pour n'estre loyal qu'à luy seul, poursuiuez seulement vostre conqueste; acheuez de me supplanter, ne me perdez point à moitié, hastez vous de me faire mourir.

En faueur de nostre amitié,
Acheuez tost ce miserable,
Finissant le mal qui l'accable,
Vous ferez vn trait de pitié.

En disant cela les grosses larmes que le creue-cœur contre son gré espreignoit de ses yeux, serroient si fort le courage de Procore, qu'il ne pouuoit respondre à ce langage qu'en mesmes termes, ie veux dire en pleurant. Aussi tost que ce deluge fust passé, & qu'il eust obtenu

de sa douleur congé de parler, ie voy bien, dit il, ô! Lascaris, que vostre mal n'est pas de ceux qui se guerissent par parolles, & que ma langue n'est pas assez medicinale pour oster la sanie de cet vlcere que vous auez enuenimé par vne opinion preoccupée. Il faut donc en venir aux effects, & que me retirant de vostre presence, & de celle de Pelagie, ie vous face connoistre deux choses par ceste mesme action, l'vne que ie ne l'ay iamais aimée, ny faict dessein de l'acquerir, puisque ie la quitte si facilement, l'autre que ie n'ay rien de si cher que la conseruation de vostre amitié, pour laquelle ie renoncerois non à Pelagie seulement, mais à tout le reste de son sexe, ie me veux re-
L ij

tirer de Vicq, pour vous monstrer que vous m'estes plus precieux, que ny mon sang, ny mon païs (choses qui pressent nos cœurs d'vne estreinte si serrée) & n'y reuenir point, ou que vous ne soyez guery de ceste passion, ou que vous ne soyez en possession de ce sujet aimé par vn legitime mariage. Cela dit sans marchander dauantage, il s'en alla les yeux tous chargez de pleurs, & bien que Lascaris ne fust pas en meilleur estat, il luy respondit froidement, vous ferez ce qu'il vous plaira : mais ie ne cesseray pas de vous aimer. Dés le lendemain Procore prit la route de Barcellonne, ayant faict trouuer bon à son pere ce voyage, affin, luy dit il, de tuer dans les tenebres de l'absence vne amour indiscrette née de la lumiere d'vne presence dangereuse. En partant dans vn mesme pacquet clos, il fit tenir à Lascaris deux lettres descloses, dont l'vne s'addressoit à son Amy, l'autre à Pelagie : la premiere disoit ainsi.

LETTRE DE PROCORE
A LASCARIS.

Bien que de corps ie m'esloigne de vous, mon trescher frere, iamais pourtant mon cœur ne se separera du vostre saintement, & fidellement aimé. Le sujet qui m'escarte de vous estant vostre

L iij

service, ie puis dire que ie vous laisse pour vous mesme, ou plustost que ie me quitte pour vous, puisque ie vous laisse la meilleure part de moy, qui est mon affection, s'il y a de la division elle est en moy-mesme, car mon ame estant plus dans vostre cœur, qu'elle cherit, que dans mon corps, qu'elle anime assez tristement, ie puis dire que ie m'en vay, & que ie demeure tout ensemble. Le Ciel ne permette iamais que ie vive dans la mesconnoissance des eternelles que vous auez acquises sur moy, ne voulant qu'autant de vie qu'il m'en faut pour vous faire voir ma gratitude. Par la lettre que j'escris à celle qui me cause ce trouble auprès de vous, & que vous m'obligerez de luy faire tenir, vous connoistrez aisément qu'il n'est point de si secrette intelligence qui ne fust brisée par des termes si tranchans. A la fin le temps vous fera connoistre ma fidelité; & ma constance vous forcera à me continuer cette sainte Amitié que vous m'auez autrefois iurée, en laquelle i'ay mis le plus haut point de ma felicité en cette mortelle vie. Adieu.

Dedans l'autre que la curiosité luy fit aussi tost ouurir, il lût ces parolles.

LETTRE DE PROCORE A PELAGIE.

JE me suis souuent estonné, vertueuse Pelagie, comme il estoit possible que vous pussiez conseruer les ardeurs de vostre honneste affection, parmy les glaces des froideurs que ie vous ay tousiours fait paroistre, & que de tant de flammes dont vous auez remply le cœur de ce Lascaris, dont vous estes l'Idole, il ne soit sauté aucune estincelle dans vostre poitrine. Que si le prix de l'Amour c'est l'Amour, quelle iniustice veut que vous recompensiez en moy ce qui ne fut iamais, & que la passion qui est en luy, & si honnorable, & si legitime, demeure sans recompense. Ie me retire à ce sujet, pour ne seruir point de nourriture à vostre feu, & pour luy donner vn obiect de plus de merite, si i'eus iamais de part en vostre bien-veillance, vous me le ferez paroistre en fauorisant Lascaris, pour lequel insinuer en vos bonnes graces, ie m'estois transformé en toutes les complaisances dont i'ay pû m'auiser. Si vous traittez son merite selon que ie vous en prie, ie prendray part en ses mescontentemens, &

me donnerez occasion de blasmer vostre iugement qui n'aura pas sçeu estimer comme il faut l'honneur de sa recherche.

Bien que Lascaris soupçonnast qu'il y eust quelque serpent caché sous ces fueilles, si est-ce que ne voulant rien laisser d'intenté pour arriuer au but de sa pretension, il fit comme ceux qui en vn grand assault, font arme de tout ce qu'ils rencontrent à la breche. Et parce qu'il iugea que sur les ruines de l'affection que Pelagie auoit pour Procore, il deuoit bastir celle qu'il desiroit esleuer en l'esprit de ceste fille, il crût que luy faisant voir ces deux lettres le despit de se voir mesprisée par Procore, la presseroit à s'en distraire, & que voyant sa perseuerance, elle seroit comme obligée de se rendre à ses desirs qui n'auoient rien que de iuste, & d'honneste. Mais il se treuua bien loin de son conte: car ceste fille sçachant la retraitte de Procore, il en fut accueilly la premiere fois qu'il l'abborda auec des ardeurs, non pas d'Amour, mais de colere si furieuses, qu'il n'y a sorte d'injures & d'outrages qu'elle ne fist retentir à ses oreilles. Dieu que deuint il, se voyant accablé d'vne telle gresle, cet orage & ce transport luy donna les premiers sentimens de la connoissance claire qu'il eust depuis qu'il n'y auoit point de feinte, ny d'intelligence entre son Amy, & ceste femelle irritée, quelques jours après la trouuant vn peu plus calme, il luy descouurit tout naïuement que Procore n'auoit faict semblant de l'aimer que pour son sujet, estimant par ce stratageme de luy donner le change, & pour tesmoignage de cela, il luy fit voir les lettres que Procore luy auoit escrittes auant que de partir. A quoy Pelagie reprenant sa premiere boutade : Ce sont de vos traicts, dit elle, tant vous auez vn empire tyrannique sur cet esprit, mais si vn plus fort obstacle ne le retenoit, ie sçay qu'il a bien assez d'affection pour moy, pour continuer le dessein de ma recherche, toutes vos ruzes seroient deschirées comme des toiles d'araignée, si son pere n'auoit point changé de vouloir. A ce mot Lascaris souſrir, à la façon d'vn homme qui faict peu d'eſtat d'vne raiſon auancée. Ce qui donna occaſion de ſoupçonner à ceſte fille, que ſa paſſion rendoit deſ-ja aſſez ombrageuſe. S'eſtant donc retirée de l'importune conuerſation de Laſcaris, elle appliqua tout ſon eſprit à deſcouurir le motif qui auoit porté le pere de Procore à empeſcher le mariage de ſon fils auec elle. De dire les ſubtilitez dont elle ſe ſeruit, il ſeroit malaiſé, tant y a qu'elle mit tant d'eſpions en campagne, elle dreſſa tant de pieges, elle fit taſter cet eſprit de tát de coſtez, que ce pere peu diſcret ne s'eſtant pû tenir de ſe faire entendre ſur le ſujet de ceſte deffence à quelques vns de ſes plus confidens, & ceux-cy à d'autres, à la fin de rapport en rapport, cela vint aux oreilles de la glorieuse Pelagie, laquelle se voyant touchée en la prunelle de l'œil, & en cet honneur, dont elle estoit si jalouse, si elle ressentit amerement cet outrage ie le laisse à penser. Son Amour tout à tout se changea, & pour Procore, & pour Lascaris en l'extremité d'vne haine implacable, resolüe de se marier au plutost à celuy de ses autres poursuiuans qui luy seroit le plus agreable, affin de faire desesperer l'vn, & se vanger de l'autre de ses ennemis, ne voulant vn mary qu'à condition qu'il s'obligeast à tirer reparation de l'affront qu'elle croyoit luy estre faict. Lascaris la reuit, mais ce fut pour la derniere fois, car estant deuenuë toute furieuse & enragée, outre la deffence qu'elle luy fit, de ne l'abborder iamais, que ne vomit elle en l'excez de sa frenaisie contre Procore, & contre luy. Lascaris se retira presque aussi desesperé. Mais en fin apres estre reuenu à soy, & considerant que ce seroit s'associer d'vn aspic que d'auoir pour femme cet esprit altier & intraittable, & que c'estoit vne pure folie de vouloir, comme contraindre ceste fille à l'aimer, il alloit peu à peu auec ce dictame, retirant le fer de sa playe. A mesure que sa raison se renforçoit, il se desgageoit de ce jeu, où il s'estoit perdu luy-mesme sans imiter ces ioüeurs obstinez, qui pensans s'acquiter se ruinent tout à faict, & perdent tout, n'ayant pas le courage de quitter vne partie, ny le iugement de connoistre que le malheur leur en dict. Mais ce qui acheua de rompre ses liens, & de briser ses chaisnes, ce fut la nouuelle affection que Pelagie commença à tesmoigner à Aurelio, celuy d'entre ses poursuiuans qui luy sembla le plus digne de son alliance, & le plus propre pour satisfaire ensemble à son Amour, & à sa vengeance : cestui-cy, qui outre la passion qu'il auoit pour elle, visoit encor à establir sa fortune dans les biens qu'elle possedoit, luy promit, pour deuenir son mary, vne prompte execution de ses volontez; les faueurs que ce nouueau fauory receuoit à la veüe de Lascaris, estoient autant de marteaux dans la teste de ce disgracié. Et ceste nouuelle

uelle flamme si tost allumée au cœur de ceste fille, faict voir ce que peut le despit, pour chasser vne affection, & aussi descouure l'inconstance de ce sexe, qui, semblable au miroir, ne represente en sa glace fragile que les objects qui luy sont mis au deuant, & Lascaris en tira ceste leçon à ses despens, que comme le Cameleon reçoit toutes sortes de couleurs, excepté la blanche, l'ame de ceste fille estoit susceptible de toutes autres affections sinon de la sienne. Tout ainsi donc que l'aiman frotté d'ail, n'a plus la force d'attirer le fer, l'inconstance de cet object n'eut plus d'attraicts pour le cœur de Lascaris, apres tant de traittemens indignes, & de sanglants outrages. Et tout de mesme

M

que la colere auoit banny de l'ame de Pelagie, l'ardante affection qu'elle auoit pour Procore, le defpit auffi chaffa du cœur de Lafcaris, celle qu'il auoit pour Pelagie. La patience eft comme le diamant qui refifte long-temps aux coups : mais quand il fe brife vne fois, il fe reduit tout en poudre. A la fin cefte recherche d'Aurelio fut terminée par fon mariage auec Pelagie, laquelle poffedant les volontez de fa mere, la fit incontinent refoudre à ce qu'elle voulut. Voyla les efperances de Lafcaris toutes tranchées, & la neceffité, qui eft vne rude & violente maiftreffe, le contrainct de fermer deformais la porte de fon cœur aux pretenfions qu'il auoit fi longuement nourries pour cet object, il fit resolution du desespoir, voyant que son mal estoit sans remede: Aussi quelle apparence y eust il eu de continuer ses chaisnes pour vne personne liée, & de viure sujet d'vne sujette, s'il n'eust voulu par des desirs injustes, violer la loy de Dieu, & faire banqueroute à l'honneur du monde. Ce n'est point sans honte qu'il se souuient de la lascheté, & bassesse de courage qui luy auoit faict endurer les mespris, & les injures de ceste orgueilleuse, & ce que l'excés de son Amour, luy faisoit appeller Patience, il voit que c'estoit pluſtoſt vn engourdiſſement, prouenant du charme de ceste beauté dont l'Idée estoit si fort emprainte en sa memoire. Pour se diuertir, il fai-

Hiacinte
soit quelquefois resonner à sa guiterre vn Romance que nous changerons à ces belles

STANCES.

Qvoy ? la pourrois-je aimer
 pensant a la rigueur,
Dont elle a sans raison outragé
 ma constance ?
Pourroit-il bien loger tout ensemble en mon cœur,
Desormais de l'Amour & de la
 souuenance ?
Non, ma iuste fureur ne sçauroit l'endurer,
Tant soient doux les pensers dont
 mon ame se flatte,
Ni les ans qu'on m'a veu despen-
 dre à l'honnorer,

Qui me monstrent peu sage en la
  prouuant ingratte.
Ce que m'a fait souffrir cet esprit sans
  pitié,
M'en rend si douloureuse, & la
  peine & l'histoire,
Que comme le venin qui tuë
  vne amitié,
C'est autre part l'oubly, c'est icy la
  memoire.
Ie me voy là reduit par vne
  dure loy,
Qu'il faut que ie l'oublie, ou que
  ie la haïsse,
Et que des beaux pensers qu'elle
  causoit en moy,
Ie fasse à ma douleur vn cruel
  sacrifice.
Las! s'il luy eust esté aussi facile de se desgager tout à faict de ceste passion, qui ne pouuoit plus estre qu'illegitime, & inu-

tile, comme de la brauer en parolles c'eust esté vn grand soulagement pour luy, mais son cœur balançant entre l'outrage & l'Amour, comme vn fer entre deux aimans, ne sçauoit auquel des deux il deuoit s'appliquer, sur quoy il recitoit quelquefois sur sa guiterre ce Madrigal qu'il auoit appris en Italie.

MADRIGALE.

SDegno campione audace,
 Incontr'a te m'arma di ghiaccio il core,
Pench'io non tema più fiamma d'Amore;
Ma non si tosto poi,
M'appar de gli occhi suoi l'ardente face,
Che'l suo gelo si sface,
Folle Guerrier, vittoria in darno attende,
Chi con armi di giel co'l sol contende.

185

HIACINTE.

LIVRE TROISIESME.

N dit que l'ayman perd sa faculté d'attirer le fer en la presence du diamant, mais cestui-cy estant osté, il la reprend aussi tost, & ses esprits attractifs font voler à luy le metal qui le cherche. Tant que l'Amour de Pelagie brilla comme vn diamant dans les yeux de Lascaris, l'amitié qu'il auoit pour Procore eut moins de force sur son esprit, mais aussi tost que

perdant l'espoir de la posseder son Amour fut rallentie, ses pensées commencerent à se retourner vers cet Amy fidelle en la mesme façon que l'aiguille du cadran, frottée d'aiman, se fixe vers le Nort. Alors il fut tout à faict desabusé, & reconnut clairement combien Procore auoit peu de passion pour ceste fille, puis qu'il ne tesmoigna autre sentiment aux nouuelles de son mariage auec Amolio, que celuy du déplaisir qu'en receuroit son Amy. Lascaris ne pouuant voir sans creue-cœur vne beauté qu'il auoit tant desirée entre les bras d'vn autre, commença à auoir en horreur le sejour de Vicq, & la crainte de perdre entierement l'amitié de Procore, & le desir de la renoüer, & de luy demander pardon de sa deffiance, le porta aussi tost vers Barcelonne, où il ne fut pas plutost arriué, que la paix fut faitte auec Procore, dont la bonté estoit égale à l'amitié, rien ne le fascha que les soûmissions que luy faisoit Lascaris, parce, luy disoit-il, que cela tesmoigne que vous auez encore quelque deffiance de ma franchise, comme s'il me pouuoit rester en l'ame quelque animosité contre celuy qui me pourroit tuer sans que ie le pusse haïr. Non non Lascaris, quand vous m'auriez osté la vie, vous ne m'auriez point faict de tort, puisque vous n'auriez faict autre chose que reprendre ce qui vous appartient, les obligeantes parolles serroient si fort le cœur du pauure Repentant que toute replique en tarissoit en sa bouche. Tout ainsi donc que les rayons du Soleil rebouchez quelque temps sous vn nuage se monstrent par apres & plus brillans & plus ardans, l'amitié de Lascaris en deuint plus forte & plus ardante, apres que ces brouillars de jalousie furent dissipez par la splendeur de la verité. Vn iour resuant apres ceste derniere obligation qu'il auoit à la sincerité de Procore, il fit des vers dont le sens est enclos dans ce

SONNET.

IL SE PLAINT DE SA FORTVNE, ET LOÜE son Amy de bonne grace.

I'*Ay senty du Destin l'ennemie*
arrogance,
Désecher contre moy tant de
traits douloureux,
Et d'ailleurs tant d'effects d'un
esprit genereux,
N'ont point vostre Amitié de-
dans la souuenance.
Que si i'ay veu sans fruit perir mon
esperance,
Ie n'en veux accuser que le Sort
rigoureux,

Hiacinte

Comme si i'eusse attaint un suc-
cés plus heureux,
Ie n'en eusse sçeu gré qu'à vostre
bien-veillance.
Non à d'autre qu'à vous ie ne vou-
lois deuoir
Le bien que par vos mains i'espe-
rois receuoir,
C'est ce qui m'a rendu la fortune
cruelle.
La ialouse qu'elle est, elle a fait telle-
ment,
Que i'ay en mon desastre un egal
argument,
De me loüer de vous que de me
plaindre d'elle.

Tandis que par le diuertisse-
ment des compagnies qui sont
si frequentes en ceste ville capitale de la Catalogne, Lascaris taschoit d'effacer peu à peu ceste
image de Pelagie qui luy don-

noit encores quelques attaques, si est-ce que le despit ayant guery sa playe, y auoit encore laissé en la place vne cicatrice qui ne pouuoit estre leuée que par le benefice du temps, auquel s'addressant, comme au souuerain Medecin de semblables blesseures, il se fit entendre par ces vers qu'il auoit tirez d'vne autre Sapho estant à Pauie.

SONETTO.

TV, che d'e più famosi, e d'e più chiari,
E i corpi e i nomi ancor chiudi sotterra,
E le Torri superbe à l'ima terra,

Adegui, e secchi fonti, e fiumi, e
Mari.
Tu che d'e sette colli illustri, è rari,
Che un tempo a te fer si honora-
ta guerra,
Ponti, Colossi, Terme, Archi, ed
Altari:
Tu, che l'opre non pur di man mor-
tale,
Na d'altissimo ingegno a felo
grato,
Ogni nobil fatica al fin distruggi.
Alato Veglio, che volando fuggi,
Al tempio tuo di tanti fregi
ornato,
Fra tante spoglie appendi anco il
mio male.

Ce que le temps ne deffaisoit que par vne lime sourde & insensible, fut bien tost brisé par vn autre object, le cœur humain estant comme la cire qui ne peut receuoir

receuoir deux impreſſions en vn meſme lieu, la ſeconde deſtruiſant la precedente. Des-ja les premiers iours du mariage d'Amelio, & de Pelagie, eſtoient eſcoulez, iours qui ſe peuuent nommer le prin-temps des nopces, & dont les fleurs ſont d'auſſi peu de durée, que les delices en ſont paſſageres. Ce nouueau marié ne penſoit qu'à faire pillage des faueurs de ſon Eſpouſe, & à s'inſtruire des biens de ceſte maiſon, dont ſous le nom de ſeruiteur il s'eſtoit rendu le maiſtre, quand l'irritée femelle, qui couuoit en ſon cœur vne haute vengeance contre les deux Amis, le ſomma de la promeſſe qu'il luy auoit faite de les exterminer, & de lauer ſon honneur offencé dedans leur ſang.

N

Il y a des choses ausquelles on s'é-gage en l'ardeur d'vne passion, que l'on n'ose par apres executer de sang froid, & d'vn esprit rassis, joint que les refus sont tousiours honnorables, quand les demandes sont injustes. Aurelio qui n'estoit pas des plus vaillans du monde, & dont l'humeur douce & moderée,

Aux vengeances ne pensoit plus,
Parce qu'estant fort pacifique,
Il cherissoit moins la Musique,
Des mousquetades que des Luths.

Neantmoins pour auoir le repos auec ce Demon domestique qui le tempestoit sans cesse pour le precipiter dans vn peril, & vne ruine manifeste, (iugez de l'humeur vindicatiue des femmes par cet eschantillon) il partit de Vicq, pour venir à Barcellonne, luy promettant de sacrifier ces deux innocens à sa colere, ou au moins de les faire tuer par des Braues. A ce dessein Pelagie luy bailla ses chaisnes & pierreries, & autant d'argent qu'il en voulut porter; estrange appetit que celuy de la vengeance, en vn courage foible. Mais le paisible Aurelio ne fust pas plutost en ceste superbe cité des Catalans, qui sert comme de bouleuard à toute l'Espagne contre la France, & l'Italie, qu'il eust faict de bon cœur comme celuy qui s'enfuit aussi tost qu'il eust vû la mer. Il est malaisé d'espouser les passions d'autruy, comme les nostres propres, la colere de Pelagie n'estant pas dans le cœur d'Aurelio, qui auoit tousiours

N ij

faict profession d'amitié eſtãt à Vicq auec Laſcaris & Procore, ne put iamais entrer en ſon ame le lasche project de les aſſaſſiner: d'autre coſté il conſideroit ſa perte euidente, s'il faiſoit vn tour ſi indigne d'vn Cheualier tel qu'il eſtoit, la ruine de ſa fortune, la priuation de ſa femme, vn banniſſement de ſon païs, vn regret continuel (au cas qu'il eſchapaſt les mains de la Iuſtice) qui n'abandonne iamais vn coupable; & quand meſme il euſt eu ceſte mauuaiſe volonté ſi Hercule, ſelon l'anciẽ Prouerbe, ne pouuoit en attaquer deux, que pouuoit il faire contre ces deux Amis ſi bien aſſociez, qu'ils eſtoient inſeparables? De les faire aſſaſſiner à des Braues, ce n'eſtoit, ny ſon honneur, ny ſon desir, veu mesme que l'offence que Pelagie s'imaginoit luy auoit esté faicte par eux, n'estoit pas bien verifiée. Et quand elle eust esté verifiée, quelle loy luy permettoit de se faire Iustice en sa propre cause, de quelle façon eust il pû iustifier son assassinat. Il n'ignoroit point la passion que sa femme auoit euë pour Procore, la preference sur tous ses competiteurs, durant que l'on croyoit qu'il la recherchast pour l'espouser, en estoit vne euidente preuue: quant à Lascaris il n'auoit iamais esté fauorisé, & puis en fin la proye luy estoit demeurée en ceste conqueste, pourquoy quereller ceux qui luy auoient cedé, & ne l'auoiét point offencé, au contraire dont la courtoisie l'obligeoit tous les iours, il voyoit assez que ce desir de sa femme prouenoit plustost de fureur que de raison, sur quoy il se resolut

De n'estre veritable aux mauuaises promesses.

Et prenant vn meilleur conseil, sans faire paroistre en aucune maniere le mauuais dessein qui l'auoit amené à Barcelóne, il s'en retourne à Vicq, faisant croire à sa femme que Lascaris & Procore estoient allez au Royaume de Grenade, s'estás embarquez dans vn vaisseau qui faisoit voile vers Alicante, & qu'il n'auoit pû sçauoir en quelle ville ils alloient. Il l'amusa quelques iours de ceste excuse : Mais quand elle sçeut par quelques habitans de Vicq, qu'ils n'auoient bougé de Barcelonne, de quelle tempeste n'estourdit elle la teste de son mary, lequel pour conjurer cet orage, fut contrainct de parler, non plus en seruiteur Amoureux : mais en mary, & en maistre, & de luy dire qu'Aurelio son Amant, & Aurelio son Espoux estoient deux, & qu'il entendoit en ceste derniere qualité de luy commander, non pas d'executer ses meschantes volontez, & de luy seruir de Braue. Que quand elle le prieroit de choses iustes & honnorables, il auiseroit à ce qu'il auroit à faire pour la contenter, mais qu'en des laschetez indignes d'vn Cheualier, il ne feroit iamais rien pour luy complaire. Ceste femme forcenée de se voir frustrée de la vengeance qu'elle auoit desirée, & attenduë, auec tant d'impatience se respandit en des parolles outrageuses, qui la firent mal traitter d'Amelio, & ce furent là les premieres espines de ces nopces, qui iusqu'alors n'auoient eu que des roses. Cependant elle fut contraincte de ronger son frein, & de digerer sa bile selon qu'a chanté le Psalmiste.

Le meschant fremissant de rage,
De courroux tout sec deuiendra,
Et quoy qu'il brasse en son courage
La puissance luy deffaudra.

Mais laissons là ce mauuais mesnage, & allons voir en la grande cité du Comte de Barcine ce que font les deux Amis. Et que feroient ils, sinon le negoce des personnes oysiues, & quelle est ceste occupation des gens inutiles sinon l'Amour, mais que differentes furent leurs attaintes. Lascaris, qui au commencement ne frequentoit les compagnies que pour se diuertir, & pour essayer par quelque autre object de chasser celuy de Pelagie de sa memoire, ne manqua pas en peu de temps, de faire vne heureuse rencontre, & comme il estoit pressé par sa mere de se marier, son propre desir s'y accordant, & mesme sa complexion l'y inuitant, le premier party sortable à ses moyens, & agreable à ses yeux, l'arresta & le mit dans vne recherche aussi honnorable qu'elle estoit iuste, Ignés fille d'vn Cheualier de Barcelonne, fut celle qui le conquit, & par apres il l'acquit par vn sainct Hymenée. La grande egalité de biens, de naissance & de mœurs qui se trouua entre leurs maisons en rendit les accords promptement faicts, la poursuitte courte, & le mariage bien tost accomply. Procore qui prenoit part à tous les interests de son Amy, se resioüit extremement de le voir guery de l'affection de Pelagie, & arriué à vn port, où il auoit tout sujet d'esperer toute sorte de bon-heur, & de contentement. Le pere d'Ignes, qui aimoit tendrement sa fille, ne se pouuoit resoudre à la laisser aller à Vicq, en la maison de son mary, elle y fut bien faire vn voyage pour y visiter les parens de Lascaris, & voir les biens de la maison où elle entroit par ceste alliance, mais ce fut à condition qu'elle reuiendroit à Barcellonne, où elle demeura deux ou trois ans auec son mary en la maison de son pere iusques à la mort de ce bon homme, apres laquelle les partages estans faits ils se retirerent en leur mesnage à Vicq. Durant ce temps là voyons quelle fut la fortune, ou plutost l'infortune de Procore. Son pere le r'appeloit à Vicq, mais qui ne pouuoit quitter Lascaris, duquel il tiroit plus d'assistance en ses besoins que de son propre pere, & so Amy mesme le conjurant de ne le quitter point, il luy fut aisé de n'obeyr pas à son pere, dót l'auarice estoit telle, que pour ne l'auoir point à charge, il ne se soucioit pas d'estre priué de la preséce, & du seruice de son fils. Procore aimoit les lettres, & parce que les lettres se treuuent & s'apprennent dans les liures, il recherchoit curieusement ceux cy pour se rendre sçauant en celles là. Ce qui luy faisoit frequenter les boutiques des Libraires, & aussi tost qu'il trouuoit vn liure nouueau, rare, ou curieux, il le faisoit acheter à Lascaris, pour en auoir la lecture. Mais Amour qui se met en embuscade par tout pour surprendre les jeunes courages, luy fit en fin faire rencontre d'vn volume parlant, dedans lequel toute sa sagesse fut engloutie, sa raison enseuelie, son esprit entierement occupé. Il y auoit alors à Barcellonne vn des principaux Marchands de liures qui auoit espousé vne femme Françoise de la Prouince du Languedoc, & qui auoit intelligence pour son trafic en France, & en Italie. Et comme il auoit esté nourry en France, estant jeune il en sçauoit assez bien la langue, comme aussi l'Italienne, ayant faict plusieurs voyages en Italie par la commodité des Galleres d'Espagne qui vont si souuent de Barcellionne à la cité de Gennes, laquelle sert de porte à l'Espagnol pour aller dans les Estats qu'il tient en Italie. Par le moyen de ces correspondances, aussi tost que quelque ouurage signalé sortoit en lumiere, soit en France la mere des arts, & de bonnes lettres, soit en Italie, il en estoit aussi tost garny, ce qui le rendoit fort recherché des esprits curieux, & sa boutique fort frequentée. Mais il auoit bien vn autre tresor qui faisoit vn plus ample concours à la façon des Espagnols à la porte de sa maisó, c'estoit sa fille, l'vne des plus belles qui fust en Barcelonne, & peut estre en toute la Catalogne, & dont les beautez se feront mieux connoistre par les extremes passions de Procore, que par quelque description, que l'on en pust faire. Il y a vne Saincte fort renommée en Arragon, & parmy les Catalans, que l'on appelle Engrace, elle en portoit le nom, & certes non sans cause: parce que, soit en l'esprit, soit au corps, elle estoit si pleine de graces & de vertus,

Qu'on doutoit en sa trame,
Qui faisoit plus defforts,
Ou la beauté des vertus de son ame,
Ou la vertu des beautez de son
corps.

Son Pere qui en estoit plus jaloux que de sa femme, veilloit sur son honnesteté, comme le Dragon des Poëtes sur les pommes d'or, ou comme Argus sur Ino. Et bien qu'il n'en fust pas en deffiance, si est-ce que la voyant si regardée, cela luy faisoit entendre qu'elle meritoit d'estre gardée, & que ce lis deuoit estre conserué dans vn jardin clos. Et parce qu'il jugea qu'elle pouuoit vn iour estre, ou tout le bonheur, ou tout le malheur de sa famille, il eut vn grand soin de cultiuer son esprit, & ses mœurs à mesure que croissant en age, elle promettoit des merueilles en beauté. Encore que celles de ce sexe n'ayent que trop d'vne langue, il prit plaisir à la faire instruire en la Françoise par sa mere, & luy mesme luy monstra ce qu'il sçauoit de l'Italienne : &

parce qu'elle estoit née parmy les liures, il la faisoit exercer à la lecture des meilleurs Autheurs Espagnols, Italiens, & François, si bien que son esprit se meubla peu à peu de plusieurs rares connoissances, lesquelles venans à esclatter en la conuersation, la rendoient également admirée de ceux qui l'oyoient, que de ceux qui la voyoient. On ne parloit que de ceste Vierge, c'estoit vn rayon, où plusieurs abeilles voloient, vn ray de Soleil où voltigeoient mille atomes, vn flambeau où plusieurs papillons brusloient les aisles de leurs desirs. Plusieurs la souhaitterent vainement pour maistresse, d'autres la desirerent plus iustement pour femme : mais c'estoit vn escueil contre ces vagues, par la
seule

seule porte de l'honneur, on auoit accés auprés d'elle, & tousiours en la presence de sa mere. Et la vacation de son pere, & sa nourriture en France, & sa mere qui estoit Françoise, rendoit ceste maison d'vn plus facile abbord, mais si l'abbord aisé faisoit naistre des esperances injustes, la conuersation retenüe, & sage, les faisoit aussi tost mourir, ce qui faisoit connoistre à ces poursuiuans, que la liberté de la conuersation Françoise est autant moderée, que la grauité de l'Espagnole est pleine d'intemperance. Mais entre tant de passionnez il n'y en eut point de si fortement attaint que Procore, lequel jusqu'alors n'ayant esté attaché qu'au jeu, changea de liens pour se jetter dans les chaîs-

O

nes volótaires de la seruitude de cette vertueuse fille. Ie ne veux point perdre le temps à despeindre l'origine, le progrez, & la vehemence de sa passion, puisque par l'effect de la perseueráce qui doibt paroistre en la suitte de ce tissu, on pourra aisement iuger de la cause. Le fer qui est en la presence de plusieurs aimans va sans doute au plus fort, c'est à dire, à celuy qui a plus d'esprits attractifs; l'esprit, la bonne grace, la gentillesse, l'accortise, & tant de qualitez aimables, faisoient vn si beau concert en la personne de Procore, que non seulement il aima Engrace, mais il eut le bon-heur d'en estre aimé entre tous, & par dessus tous ses competiteurs. Le pere, auquel il declara franchemét, comme aussi à la mere, qu'il ne regardoit leur fille qu'auec des yeux chastes, & de colombe en dessein de l'espouser, tenans sa recherche à beaucoup d'honneur, ne souhaittoient que le consentement du pere de Procore, pour entrer en vne si desirable alliance. La fille sçachant l'inclination de ses parens n'y fit point de difficulté de prester & l'oreille, & le cœur à vn party si auantageux, soit en noblesse, soit en richesse. Procore qui ne cachoit pas la moindre de ses pensées à Lascaris, luy descouurit celle-cy, qui estoit, non la principale seulement, mais l'vnique dont son esprit estoit occupé, d'autant qu'il estoit si remply de ceste belle idée, qu'à peine auoit il de la place en soy pour soy-mesme.

Au commencement Lascaris qui faisoit des-ja le pere de famille, remonstra doucement à son Amy l'extreme inegalité qui estoit entte sa naissance, sa qualité, son sang, son rang, ses biens, & son parentage, & la condition de celle qu'il aimoit, non qu'il ne prisast, & sa beauté, & sa vertu, mais qu'au siecle où nous viuions ce n'estoient pas les mesmes des mariages, mais plustost la race, & le bien. Mais quand il apperceut que ceste Amour s'estoit tellement emparé du cœur de Procore qu'il n'y estoit pas comme de passage, ou en garnison, mais comme maistre absolu de la place, & supplantateur de la raison, il jugea que pour conseruer son Amy, & son Amitié, il ne deuoit pas contrarier à son Amour, ayant experimenté en soy-mesme que la contradiction ne faict qu'irriter ce mal, dont il falloit remettre la guerison au temps, & à la prouidence celeste. Aussi Procoré luy repliqua t'il tout ouuertement, & vn peu vertement, qu'il n'estoit pas à deliberer s'il aimeroit Engrace ou non, mais qu'il luy manifestoit sa passion, comme vn mal necessaire, dont il ne pouuoit, ny vouloit se deffaire, affin qu'il luy donnast aduis de quelle façon il se deuoit comporter pour arriuer à la possession de ceste fille par le mariage, à quoy visoient toutes ses intentions. Qu'aimant il estoit aimé, qu'il auoit donné sa parolle, & receu celle des parens d'estre preferé à tous ses competiteurs en

O iij

ceste re cherche: mais comme ils aimoiét l'honneur, ils desiroient le consentemét de son pere. Que par la loy de l'Hydalgue d'Espagne, les Hidalgues peuuét prendre alliáce auec les Cheualiers de quelque vacation qu'ils soient, sans que ceux cy derogent en rien à la gloire, & aux prerogatiues de la Cheualerie. Somme il luy sçeut auancer tant de raisons que Lascaris, qui ne desiroit que de luy complaire, se laissa vaincre, & luy promit toute l'assistance qu'il desireroit de son seruice pour l'acheminer à son contentement. Procore se sentant auec cet appuy, mit son front dans les estoiles, s'imaginant que Lascaris luy seruant de pere, rien ne luy pourroit manquer. Il commence à faire sa recherche ouuertement, & de telle sorte qu'il vouloit bien estre connu de chacun pour seruiteur d'Engrace. Le monde en jugeoit diuersement, les vns loüans, les autres blasmans son election, selon les diuers motifs qui donnoient le bransle à leurs fantaisies. Parmy tant de rares qualitez qui rendoient Engrace recommandable, la Musique ne tenoit pas le dernier rang ; elle auoit la voix fort bonne, & elle touchoit le Luth & la guitterre auec beaucoup de perfection. Vn jour que Lascaris accompagnás Procore eut le plaisir de l'entendre, il auoüa qu'il n'y auoit rien de si agreable que de la voir, & ouyr en cet exercice, sur quoy il fit vn Romance que i'ay rendu en ces Madrigaux.

MADRIGALE
I.
CHANT DANGEREVX.

LE Demon qui faict qu'en aimant,
On endure tant de tourment,
Le voyez vous qui deguisé en fille
D'vne façon gentille,
Touche ce Luth mignardement,
Ces cordes sont les rets,
Où il surprend les ames,
Ce bois est le carquois où il serre
ses traits,
Et ses feux & ses flames,
Ce chevalet son arc, ces accens
sont les fleches,

Dont il faict dans les cœurs de
dangereuses breches.

II.
SVR LE MESME
SVIET.

Cette main dérobe la gloire
    A la blancheur de la table
d'yuoire,
De ce Luth au son delicat,
Que gracieux est le debat
De cettte main qui le manie,
Et de cette angelique voix,
Qui conteste auec l'harmonie,
Qui naist de l'accord de ses doigts,
Mais parmy ces douces merueilles
Qu'il faict dãgereux en ces lieux,

Vn qui est assez tenté par les oreilles,
Ne pouuant euiter d'estre pris par les yeux.

Au retour de ceste conuersation Procore entretenant Lascaris de l'abondance de son cœur, c'est à dire de sa passion, luy disoit que l'Amour des liures l'auoit en fin porté dans vn liure d'Amour, dans vn volume de Graces, il entendoit la vertueuse Engrace: Prenez garde, luy repartit Lascaris, qu'il ne vous en prenne comme à ceux qui sans y penser mettét le nez dans des liures de magie, & qui se trouuent charmez & enchantez insensiblement. Certes, reprit Procore, il m'en est auenu ainsi que vous dittes, car ie n'eus pas plutost descouuert ce Volume,

que i'y remarquay mille caracte-
res de perfectiós qui me desrobe-
rét à moy-mesme pour me liurer
à la mercy d'vn si rare object.
Ce qui ne fit souspirer ce Madrigal que j'auois autrefois oüy à
Pauie.

———————

MADRIGALE.

TOsto, ch'a voi riuolsi,
    (O mia ventura) il
        guardo,
A me stesso io mi tolsi,
Sol per donarmi à voi viua mia
    luce,
Per cui con mio piacer agghiaccio,
    ed ardo :
Poscia, che'n voi riluce,
La beltà cosi bella, ch'ella stessa,

Gode vederſi in ſi bel corpo impreſſa.

Au commencement mon inclination eſtoit fort debile, & ceſte complaiſance eſtoit comme vn ruiſſelet foible en ſa ſource, mais qui groſſiſſant ſa courſe par les pluyes ou les neges fondues, deuient vn torrent impetueux qui rauage tout ce qu'il rencontre, & ce qui s'oppoſe à ſa fureur, car en fin cette complaiſance deuenuë Amour, ceſte Amour a entrainé mon ſens, ma raiſon, & toute mon ame à ſa ſuitte. Vous ſouuient il d'vn Sonnet qu'vn de nos compagnons d'eſcole nous recitoit vne fois ſur le beau riuage du Teſin, où nous eſtions allé prendre le frais, ie l'ay encore en ma memoire, & il exprime à mon gré merueilleusement bien ceste pensée, & l'estat où maintenant se trouue mon esprit.

SONETTO.

Qval ruscello veggiam d'ac-
que souente,
Pouero scaturir d'alpestra vena,
Si che tēprar por le sue stille apena,
Di stāco Peregrin la sete ardente.
Ricco di pioggia poi farsi repente,
Superbo sì, che nulla il corso
affrena,
Di lui, che imperioso il tutto mena,
(Ampio tributo) a l'Ocean pos-
sente.
Tal dal principio hauea debil pos-
sanza,

*A danno mio questo tiranno A-
more,
Echiese in van de' miei pensier la
palma.
Hora soura'l mio cor tanto s'auanza,
Che rapido ne porta il suo furore,
A morte il senso, e la ragione, e
l'alma.*

Tout l'honneste accueil, & tous les chastes tesmoignages de bien-veillace que Procore pouuoit souhaitter d'vne fille modeste, & qui a permission de cherir vn homme qui la recherche pour l'espouser, luy estoient rendus par Engrace, si bien que nageant dans vne mer de satisfactions, il n'attendoit rien moins que la bourrasque, & l'orage qui firét faire naufrage à ses desirs, & les firent eschoüer, comme il estoit sur le point d'arriuer au port. Vn iour ayant appris de la bouche dont il receuoit les parolles, comme les oracles de ses destinées, vous jugez bien que c'est celle de sa Sybille, qu'il estoit autant aimé comme il pouuoit aimer, il recita promptement ce Madrigale Italien, d'vne inuention fort ingenieuse, & qui fut trouué plein de gentillesse, & de subtilité.

MADRIGALE.

Merauiglia non è Donna,
 se voi,
Qualhor' a me volgete,
Gli occhi sereni mi giurate poi,
Che d'amoroso ardor vi distruggete,

Fatto son' io di voi specchio verace;
E come i raggi suoi rifletter suole,
Se Specchio tocca in se medesmo il Sole;
Cosi di voi la face,
In voi ritorna, & voi medesma sface.

Iamais il ne receut de ceste honneste Vierge autre plus grande faueur que de parolles amiables, & qui luy donnoient asseurance que quand il seroit à elle par la saincte loy des nopces, elle seroit sincerement & loyalement à luy. Ces termes pudiques estoient de l'huille sur son feu, parce que rien n'augmente tant l'Amour que l'honnesteté, mais ceste passion ayant vne qualité qui faict tousiours auancer les desirs, veu qu'elle n'est autre chose

chose qu'vn mouuement du cœur vers l'object aimé: de là viét qu'elle est tousiours plaintiue iusques à ce que la complaisance arriue à la possession, cette modestie qui est vne vertu qui regle vniuersellement tous les sens & les contenances du corps, & toutes les facultez de l'ame selon le niueau de la raison & de l'honneur, sembloit à nostre Amant passionné, vne espece de froideur, luy estant auis qu'il manquoit tousiours quelque chose aux demonstrations d'amitié qu'il desiroit d'Engrace. A l'occasion dequoy il recita vn iour ces vers sur vne guiterre dont il touchoit assez bien.

P.

MADRIGALE.

SE non temprate un poro,
    Madonna il mio gran foco
    con quel gielo,
Che'n voi nascose il Cielo,
O se picciola dramma,
Non riceuete in voi,
De la mia immensa fiamma;
Temo, che Morte haura di noi la
    palma,
Di voi per troppo ghiaccio, è di
    me poi,
Perche foco scuerchio hò dentro
    l'alma.

Soit que le public fust tout abbreuué de ceste recherche, soit que quelque competiteur voulust secrettement, & par vne mine cachée supplanter Procore, tant y a que son pere en fut auerty, & luy representa ton ceste alliance si desauantageuse & si auancée, que sans s'amuser à escrire à son fils qui le vint trouuer ou luy faire des deffenses par lettres de la continuer, il fut plutost à Barcelonne que Procore ne sçeut qu'il fust party de Vicq. Quelle confusion à ce jeune Adam de voir son secret descouuert à nud aux yeux de son pere, quel rabat joye à son triomphe, mais au lieu de perdre courage faisant vertu de la necessité, dès la premiere fois que son pere luy parla de ceste affaire, il luy auoüa franchement ce qui en estoit, & adjousta que rien ne le pourroit empescher d'en voir la fin, puis qu'il auoit mis la souueraine felicité de sa vie en l'accomplissement de ce mariage. Le pere, (qu'il suffit de nommer Catalan pour dire son humeur altiere) qui n'auoit pas accoustumé d'oüir vn semblable ton sortant de la bouche de son fils, le menaça de plus de foudres que le Ciel n'en lança contre les Geans, quand ils le voulurent prendre par escalade. Protester qu'il le chasseroit de sa maison qu'il le priueroit de son heritage, qu'il ne le reconnoistroit iamais pour son fils, s'il se mesallioit, ainsi ce n'estoiét que les moindres esclairs, mais iurer qu'il le tueroit, & qu'il sacrifieroit à sa fureur, & le Libraire & sa fille, & qu'il se perdroit plutost que de souffrir ceste alliance; c'estoient des eclats de tempeste, contre lesquels Procore fit comme l'Aigle qui ne vole iamais si haut en l'air que quand le tonnerre faict plus de bruit: parce qu'elle n'en craint pas le carreau. Le pere voyant qu'il ne gaignoit rien sur ce courage obstiné, ou plutost affermy en sa resolution va trouuer le Marchand, & remplit toute sa maison d'vn tel bruit que le vacarme fut grand en tout le voisinage. Les deux peres estoient tous deux superbes, tous deux Catalans, & bien que le Marchand ne fust pas de la naissance de l'autre, si est-ce qu'il se disoit homme d'honneur, & *Hidalgo como el Rey.* Le pere de Procore qui estoit Cheualier, le traittoit à la verité trop indignement; le menaçant de mettre sa maison à feu, & à sang s'il permettoit d'auantage la recherche de son fils, ou s'il passoit outre au mariage de sa fille auec Procore, sans son consentement. Le Marchand qui estoit vn Bourgeois honnorable, & qui n'auoit iamais donné accés à Procore, que sous ceste condition qu'il feroit consentir son pere à ses nopces, repliqua qu'il auoit tousiours entendu cela, & qu'il n'auoit que faire de luy deffendre vne chose qu'il se deffendoit assez luy mesme. Mais quand le Cheualier en vint aux outrages, appellant le Marchand vn affronteur, vn seducteur de jeunesse, & sa femme, & sa fille, de noms aussi faux qu'ils estoient peu decens en la bouche d'vn Gentil-homme, ce fut lors que le tumulte se fit grand, car le Marchand courut aux armes pour vanger ces injures, & parce qu'il estoit fort aimé de ses voisins, il y eut vne telle rumeur que si le pere de Procore n'eust mieux joüé des pieds que des mains, il eust sans doute laissé la peau & la vie dans ceste emotion populaire. Il se sauua donc auec des indignations inconceuables, & quelques brauades qu'il fist de la langue à la façon des Espagnols, si est-ce qu'en luy mesme il rougissoit de honte de l'affront qui estoit retombé sur son visage. Le pere d'Engrace qui voyoit sa fille desirée par des Cheualiers d'aussi noble & riche maison que Procore, & qui ne luy cedoient en rien qu'en vne certaine gentillesse qui le rendoit plus agreable, & d'autre costé qui la voyoit desirée par des Marchãds fort accommodez des biens de fortune, & dont il eust pû tirer beaucoup de soulagement & d'appuy, se resolut de ne penser plus à Procore, cause de tant d'esclandre, & de luy interdire sa maison. Il commanda à sa fille de destourner son affection de ce Gentil-homme, & à sa femme de ne souffrir plus qu'elle luy parlast, pour obeissante, & sage que soit vne fille bien esleuée, si est-ce qu'il ne luy est pas si facile d'efforcer promptement vne impression qui s'est grauée en son ame par la suitte du temps. Mais ce bel esprit que l'art auoit poly, & instruict en de genereuses maximes surmontant son propre sens, promit d'obeïr à son pere & à sa mere, & de n'auoir point d'autre volonté que la leur. Cependant imaginez vous en quels termes estoit Procore, & de quels desespoirs il estoit saisi. Vn Alchimiste qui sur le point de voir reüssir son grand œuure, voit casser ses pots, ses fourneaux, & ses alambics, vn laboureur qui sur la saison de la recole voit vne gresle impitoyable rauager tout le trauail, & l'espoir de son année, ne sont point plus affligez que ce pauure Gentil-homme, voyant ses desseins gelez en bourre & rauagez en fleur. Son Pere le voulut remener à Vicq, & comme il ne vouloit pas le suiure, il le menaçoit de le faire conduire par des Archers lié & garoté, comme vn enfant rebelle. Tout son refuge estoit à Lascaris, qui luy rendit en ceste occasion aupres de son pere des deuoirs de vray Amy. Le Marchand de liures luy faict dire qu'il ne pensast plus à sa fille, à laquelle il auoit estroittement deffendu de luy parler. Guetté de tous les deux costez que luy pouuoit conseiller Lascaris, sinon de suiure son premier conseil, & de se distraire de ceste alliance qui n'estoit approuuée de persone. Cecy acheua de mettre Procore au desespoir, car s'imaginant que son Amy le trahissoit, & estoit peut estre cause de la venüe de son pere, & de tout ce vacarme. Où puis-je, disoit il en soy-mesme, donner de la teste, si mon protecteur est mon sergent, & me liure entre les mains de mes ennemis. Bien que cet ombrage fust faux, & qu'en tout ce trouble Lascaris eust faict tous ses efforts tant enuers le pere de Procore que celuy d'Engrace, pour adoucir les affaires, si est-ce que ce qui confirmoit Procore en ceste creance, estoit que sans cesse Lascaris voyant qu'il ne pouuoit reconcilier les courages de ces deux peres animez l'vn contre l'autre, l'exhortoit a quitter ceste poursuitte puis qu'il n'en pouuoit esperer aucun heureux succés. Ce que pût faire ce desolé Amant pour recueillir le desbris de ses pretensions, ce fut d'essayer de voir Engrace, & de luy parler, ou du moins d'auoir le moyen de luy escrire, mais il ne pût iamais l'abborder tant le pere & la mere faiſoient bon guet, & ayant auec vne extreme peine faict tomber vne lettre entre les mains de ceſte vertueuſe fille pour la conjurer d'auoir de la conſtance en ſon amitié, & de vaincre ceſte tempeſte par ſa patience, apres qu'elle eut long-temps conteſté en ſoy-meſme, ſi elle deuoit reſpondre ou non, ſon eſprit balançant entre ſon honneſte affection, & l'obeiſſance qu'elle deuoit à ſon pere, en fin elle crut qu'elle ſatisferoit à l'vne & à l'autre par ceſte reſponſe.

LETTRE D'ENGRACE A PROCORE.

SI vous sçauiez, comme le cœur me bat, & la main me tremble maintenant que ie vous respons contre mon gré, à celle que i'ay receüe de vous contre la deffence qui m'en auoit esté faitte, vous iugeriez assez qu'à ce coup, ma sainte passion a esté plus forte que mon deuoir. Mais ie vous prie, cher Procore, de ne prendre point cecy à vostre auantage, car ie ne vous escris pas pour vous amuser mais plustost pour vous desabuser de la creāce que peut estre vous auez conceüe, que ie pusse continuer vne affection contre la volonté de mes parens qui n'est née que de la permission qu'ils me donnerent, ou plutost du commandement qu'ils me firent de vous regarder comme celuy qui me desiroit pour femme, & que i'honnorois des-ja comme espoux. Si i'estois si peu iudicieuse que de prendre le conseil que vous me donnez, quelle opinion ferois-ie conceuoir à ceux qui me verroient attachée à vous qui ne fust desauantageuse à cet honneur, dont ie fay plus d'estat que de toutes les qualitez, & richesses du monde. Pour Dieu ne vous persuadez point que ie puisse souffrir sur le front vne tache que i'ay tousiours si soigneusement euitée. Si vous m'auez aimée honnorablement, comme tant de fois vous me l'auez iuré, & en toutes occasions faict paroistre, c'est maintenant que ie connoistray si vos parolles sont veritables, & vos actions non feintes, & que pour cette eau de départ i'esprouueray si vostre affection est de pur or. Vous n'ignorez pas que l'honneur & la raison me deffendent de contrarier aux commandemens de mon pere, & les mesmes loix vous ordonnent d'obeïr aux deffences du vostre, quelle benediction du Ciel pourrions nous esperer sur nostre amitié, si elle n'auoit point d'autre fondement que la rebellion & la reuolte. Croyez moy Procore, tant que i'ay crû qu'il n'estoit legitimement permis de vous aimer, ie vous ay chery de toutes les puissances de mon ame, maintenant si ie retire mes pensées d'vn suiet plein de merite, mais auquel ie ne puis iustement pretendre, que fais-ie sinon me rendre au port de mon deuoir. Ne pensez pas que ie sois pour cela ou insensible, ou inconstante, ce n'est pas inconstance que de se ranger

ger à la raison, ny insensibilité
que d'imposer une loy à autruy que l'on n'a pas moins de
peine de subir soy-mesme, ce
n'est point auec mespris, mais
auec regret que ie me retire de
vous, en vous coniurant par
tout ce qui peut doucement
forcer une belle ame comme la
vostre, de m'aimer tousiours
au moins fraternellement, &
de vous seruir de ce grand courage dont vous auez rendu
des preuues en tant d'occurrences pour vous distraire de
pretendre à une personne qui
ne vous peut estre legitimement acquise. Au lieu de cendre qui entretient le feu mettez
de la terre sur le vostre pour

Q

l'assoupir, ie veux dire que vous retirant en vostre païs vous guerirez, sans doute, aisement par l'absence, le trouble, qui, par la veüe, s'est glissé dans vostre Ame, & a surpris vostre iugement. C'est le meilleur conseil que vous puisse donner celle que sa naissance, & sa pauureté rendent indigne d'estre vostre Espouse, mais ne luy peuuent rauir la qualité de vostre tres-humble seruante ENGRACE.

Comme à ceux qui ont la jaunisse iusques dedās les yeux toutes choses paroissent jaunes, Procore qui estoit entré en deffiance de Lascaris, crût que ce congé si solennel qu'Engrace luy donnoit, venoit de sa persuasion, ce qui fut cause que venant à le regarder d'vn œil armé d'indignation pour se retirer de deuant luy, il se resolut moitié de gré, moitié par contrainte, de suiure son pere à Vicq, aussi bien ne pouuoit il plus sejourner à Barcelonne priué de la veüe d'Engrace, & de l'assistance de Lascaris, à laquelle il ne vouloit plus estre tenu. Il s'é retourna dóc auec son pere ne pouuant empescher Lascaris de le reconduire assez loing, tant ce vray & sincere Amy auoit de peine à le laisser. Quelques complimens qu'il luy fist, il ne respondoit que par vn silence morne, que Lascaris attribuoit plutost à la douleur qu'il ressentoit de la perte de son Amour, que de la rupture de

Q ij

leur amitié, car estant innocent comme il estoit, & Procore ayāt vn tel empire sur soy-mesme qu'il ne luy fit paroistre son mescontentement par aucune parolle, de quelle sorte eust il pû deuiner les ombrageuses pensemens qui le trauailloient. Quand Lascaris eust pris congé du pere, & du fils pour s'en retourner à Barcellonne, le reste du chemin Procore (semblable à ces jaloux qui cherchent soigneusement ce qu'ils craignent le plus de rencontrer) s'enquit de son pere, auec beaucoup d'ombrages des sentimens de Lascaris, sur le dessein qu'il auoit eu pour Engrace. A quoy le pere, qui commençoit à s'addoucir, parce qu'il croyoit remener son fils en triomphe, & auoir tout à faict rompu ceste alliance, respondit que Lascaris auoit esté de mesme auis que luy, pour le regard de ceste rupture, & que l'extreme disproportió des qualitez des parties luy auoit tousiours esté à contre-cœur. La deffiance a cela qu'elle faict feu de tout bois, les moindres apparences luy seruans d'entretien, & fort peu de veritez de remede. Ces propos luy firent croire que tout ce tintamarre s'estoit faict par l'artifice de Lascaris, ce qui enfonçoit d'autant plus auant en son cœur la pointe de la haine dont il payoit ingratement les bien-faits de ce fidelle Amy. Arriué à Vicq, il reçoit souuent de ses lettres, ausquelles il ne faict aucune responce, seulement en les lisant, il disoit; O traistre, &

le plus soüillé de desloyauté que la terre porte, est-ce ainsi que tu desguises le fiel de ta malice sous des parolles de miel, & que tu me baises en me mettant le poignard dans le sein? L'absence de Procore remit en campagne vn essain de poursuiuans au tour de la belle Engrace. Son pere n'auoit autre peine en ceste multitude qu'à faire vn choix qui fust iudicieux. Tantost la gloire si naturelle aux Catalans, luy faisoit jetter les yeux sur la noblesse des Cheualiers, tantost le desir de profiter, & d'auancer sa maison par les richesses, le faisoit retourner du costé des Marcháds. En fin vn vieux Cheualier qui estoit veuf depuis quelques années, & qui auoit des enfans de son premier lict, jetta les yeux sur ceste jeune merueille, & ceste paille seche fut aussi tost esprise d'vn si grand feu, qu'il eust esté consumé par la mort, s'il n'eust trouué dās le mariage le remede de sa flamme. Il auoit de grands biens à Castel-franc Bourgade non esloignée de Barcelone, où estoit son mesnage : mais le desir des conuersations le faisoit tenir ordinairement à Barcellonne, où il se promenoit en carrosse sans autre soin que de faire vne grande despense, & se bien traitter, comme celuy qui estoit dans l'opulence bien auant, & ne pensoit qu'à viure à son aise. Si vous voulez sçauoir par où l'Amour le surprit, demandez-le à ses cōmoditez, & à l'oisiueté meres nourrices de ce feu là. Son nom estoit tel, sa maison si fameuse, son train si apparent, tout autour de luy si splendide, que comme le Soleil se communique par ses rayons, à sa magnificence on jugeoit assez des grands biens qu'il possedoit. Qui a veu le superbe emerillon escarter en fondant sur vn buisson vne troupe de moineaux, a veu les poursuiuans d'Engracie dissipez à la venüe de cet Astre, tout eclattant des rayós des abysmes, c'est le lustre de l'or, le pere d'Engracie en fut esblouy. Sans s'amuser à faire le joly, & l'empressé (choses également contraires, & à la vieillesse, & à la vanité Espagnole) il la fit demander pour femme à ce Marchand, lequel rauy de ceste proposition qu'il tient à vn honneur incomparable se voyát pour gendre celuy qu'il eust de-

siré pour Protecteur, & au seruice duquel il eust tenu à faueur de
mettre quelqu'vn de ses enfans,
& d'autre costé le tenant tout as-
seuré de l'obeissáce de sa fille, il la
luy promit aussi tost, auec des
tesmoignages de l'extreme obli-
gatiõ qu'il luy en auoit, & atten-
dit à en auertir Engracie, apres
auoir donné ceste parolle, au
commencement que le sens de
ceste jeune fille ne repugnast à ce
mariage, il n'en faut pas douter:
mais outre qu'elle estoit fort vertueuse & obeissáte, le desir d'estre
grande Dame & riche, effaça
aussi tost de son esprit ce premier
mouuement de contrarieté. Le
Vieillard que l'Amour pressoit,
& qui aimoit mieux que le mõ-
de parlast de son mariage, faict
que du dessein qu'il en auoit

pris, fit vne telle diligence qu'en peu de iours il eut Engrace à ses costez pour son Espouse. Tandis que toute la ville de Barcelonne s'entretient sur ceste nouueauté, le cigne du chariot de Venus meine sa nouuelle femme en triomphe à Castelfranc, où ses enfans ne furent pas moins estónez de le voir remarié que de l'alliance qu'il auoit prise. O Castelfranc pour la belle Engrace vous changerez de nom, puisque vous deuiendrez vn Chasteau d'Esclaue. Que deuint Procore, quand ceste nouuelle vint à ses oreilles en la mesme façon de la foudre qui tombe deuant qu'on en ait apperceu l'esclair, toute sa patience fut puluerisée, toute sa raison engloutie, toute son ame enleuée de sa droitte assiette, que de fureurs en sa pensée, que de projects en sa fureur, que de desespoirs l'accueillirent; il s'enferme dans sa chambre, & s'enfonce dans vne si profonde melancolie qu'on a de la peine à luy persuader de prolonger sa vie par l'vsage des viandes, tandis qu'il est en ceste mauuaise humeur vne lettre luy vient de la part de Lascaris, qui dit ainsi.

LETTRE DE LASCARIS A PROCORE.

ET puis fiez vous à des filles, & puis faittes estat de la constance de ce sexe qui n'a point d'autre substance que l'instabilité. Cher frere, le mes-

me tour que me fit Pelagie en prenant Aurelio pour mary, c'est celuy que te vient de joüer Engrace en se mariant à vn Vieillard dont la passion sert de fable à toute ceste ville : l'auarice a aueuglé le pere, l'ambition la fille, mais le temps fera peut estre voir que l'vn & l'autre seront trompez, & que celuy là ne tirera de ceste alliance aucun auantage pour son trafic, ny celle cy aucun contentement de sa grãdeur. Quelque richesse qu'ait ce vieux Tison, (ie voulois dire Tithon, mais ie n'ay pas trop mal rencontré) il n'en est pas plus liberal, & quelque eleuation qu'il promette à sa nouuelle

Aurore, elle n'en sera pas plus libre. Au contraire ie me doute que cōmē l'Aurore pleure tous les matins, quand elle sort d'aupres de son Vieillard, que celle cy sortant des costez de ce vieux Chevalier aura plustost des eaux que des feux sons ses paupieres. Ainsi, cher Amy, tu seras vangé de son inconstance, comme ie l'ay esté de celle de Pelagie, par le mauuais traittement qu'elle reçoit d'Aurelio. Le Ciel te reserue vne meilleure fortune, & ie te la souhaitte telle q. ie la possede auec ma chere Ignez, laquelle en te saluant, comme ie fay, se resiouït auec moy de ta deliurance.

Le miel appliqué aux vlceres a de couſtume de les enflammer: ces douces parolles firent le meſme effect ſur les playes de Procore, & au lieu de le conſoler en ſon deſaſtre, elles jetterent tant d'huille ſur le feu de ſon couroux, qu'il n'y eut ſorte d'imprecation qu'en l'excez de ſa rage il ne vomiſt contre Laſcaris, qu'il eſtimoit l'autheur de ſes miſeres. Ha! perfide, diſoit-il, maintenant que tu as códuit à la fin ceſte trame que tu m'as ourdie, tu triomphes inſolemment de ma laſcheté, & tu te mocques de mon infortune. Va que le Ciel me tempeſte encore de quelque nouuelle diſgrace, ſi ie ne prends vne ſignalée vengeance de ta deſloyauté. Apres auoir paſſé quelques iours parmy des angoisses, dont l'extremité est au dessus de toutes parolles, ne pouuant se tirer du labyrinte de ses pensées, où il s'embarassoit, d'autát plus qu'il s'efforcoit d'en sortir, il crût que son mal estant sans remede, il deuoit tout d'vn reuers trancher ce nœud gordien en se retirant du monde. Trop heureux s'il se fust donné le loisir de bien digerer ceste bonne inspiration pour la mesnager ainsi qu'il falloit. Mais quoy il en fit comme d'vne bonne lame qui tombe en vne mauuaise main, il s'y prit d'vn biais si peu iudicieux qu'il ne se faut pas s'estonner si cet esprit de salut auorta en luy, parce qu'il ne prenoit pas la main de la grace, pour en accoucher. Il se presenta en diuers Monasteres bien

Reformez, comme à la saincte maison de Mont-ferrat, où viuét des Religieux Benedictins de singuliere obseruance, à Montalegre, qui est vne Chartreuse voisine de Barcellonne, au fameux Conuent de Pobler, proche de Tarragone, qui est de Bernardins fort bien reglez, & en d'autres maisons Mendians : mais parce que ceux qui espreuuerent de quel esprit il estoit poussé, jugerent que le desespoir plutost que la deuotion le portoient à ce dessein, ils le renuoyerent iusques à ce que le calme fust reuenu à son ame, & que Dieu luy rendant la joye de son salutaire, le confirmast de son esprit principal. De ceste recherche estant reuenu à Vicq, & ne pouuant trouuer en aucun lieu le repos le repos qu'il cherchoit par tout, il se resolut de s'esclaircir de la doute qu'il auoit contre Lascaris, afin de se vanger de luy, s'il se treuuoit qu'il fust cause du mariage d'Engrace auec Agesilas (c'est le nom du vieux Cheualier qui l'auoit espousée) ou se reconcilier auecque luy s'il se treuuoit innocent, & treuuer dans son amitié ancienne de la consolation à ses peines. Il s'enquit soigneusement de son pere de toutes les particularitez, dont il se peut auiser, pour s'esclaircir de ce sujet, & son pere ne luy ayant dit autre chose, sinon que Lascaris estoit tousjours d'auis, que l'alliance d'Engrace luy eust esté aussi ruineuse que peu honorable, il s'achemina à Barcelonne où Lascaris

R

le vint voir aussi tost qu'il sceut son arriuée, & le pressa de venir loger en la maison de son beaupere, comme il auoit fait auant son depart, à quoy Procore ne voulut iamais consentir que premierement il n'eust pleinement satisfait à sa curiosité & sceu par le menu de Lascaris, de quelle façon il s'estoit conduit pour ou contre luy en la rupture de la recherche d'Engrace. Lascaris plein de bonté luy raconta si sincerement & si franchement le tout, que Procore, guery de ses ombrages, luy demanda mille pardons de ses defiances passées, & le pria de luy donner les aduis qu'il estimoit luy estre necessaires, pour se tirer de l'affliction qui ne luy donnoit aucun repos. Lascaris qui auoit esté autrefois coulpable de la mesme faute enuers Procore, ne pouuoit iustement luy denier le pardon qu'il luy demandoit ; mais il demeura court quand il voulut luy donner des remedes en vn mal qui n'en auoit point. Il le remit au temps, en la sorte que les Medecins enuoyent aux bains les maladies victorieuses de leur art, & qu'ils tiennent incurables. Cependant Agesilas ayant dans peu de iours esteint l'ardeur de sa flamme en la possession de sa nouuelle femme, en deuint si esperduement ialoux que tout luy faisoit ombre, de peur que le Zephir ne se iouast autour de ses cheueux, & que le rayon du Soleil ne touchast son visage il la tenoit tousiours enfermée. Ses propres enfans luy estoient suspects, & à peine se fioit-il de ses domestiques, ausquels il auoit donné la charge de suruëiller à ses actiós. Il la tenoit assez braue & parée, mais ce n'estoit que pour ses yeux; car la pauurette sans cesse recluse, n'auoit autre conuersation qu'auecques ses pensés, ny autre trafic qu'auec son miroir. Combien de fois maudit-elle son ambition, qui l'auoit priuée de tant de bonnes compagnies qu'elle voyoit à Barcelonne, & mesme son pere n'estoit point sans repentir, voyant qu'il l'auoit comme enterrée toute viue en la donnant à ce Tyran, duquel à peine pouuoit-il obtenir la licence de la voir, & encore s'il luy parloit c'estoit en la presence de plusieurs espies, qui rapportoient à Agesilas non seulement ses paroles, mais ses actions & ses contenances. Il fut aussi bien trompé en ses esperances; car iamais ce vieux Cheualier ne l'aida en son trafic de la moindre somme, au lieu des mines & des montagnes d'or qu'il pensoit tirer de ce Midas, il refusa mesme de prendre vn de ses garçons pour Page, tant il auoit peur qu'Engrace eust le moindre confident en sa maison. Au contraire il tesmoigna, au commencement par des froideurs, puis par des mespris, & en fin par des paroles outrageuses, qu'il n'auoit pas aggreables les visites de ce Marchand, tenant à honte que ses vassaux vissent son beau-pere,

& luy reprochant la bassesse de son lignage & la pauureté de sa fille, dont il n'auoit eu autre doüaire que la beauté, qui luy donnoit tant de soupçons: cecy donnoit à nostre Marchand des desplaisirs qui ne se peuuent comprendre. Procore qui auoit tousiours l'œil au guet, & qui ne se pouuoit tenir d'aller quelquefois à Castelfranc, à la façon des amans passionnez se promener autour des murailles, où estoit enfermé ce bel object qu'il ne pouuoit effacer de sa memoire, prit occasion de ces mauuais traictemens faicts à Engrace, & des mescontentemens de ce Marchand son pere, de rallumer la mesche de ses esperances: & par des moyens que la relation ne dit point, &

que ie ne puis imaginer, il treuua l’addresse de faire tenir vne
de ses lettres à ceste belle prison-
niere, laquelle au milieu de ses
ennuis rencontrant ce grain de
consolation, & dans les nuicts
de sa solitude ce rayon de la souuenance de Procore, à la maniere d’vne personne, qui pour
se sauuer du naufrage se prend à
tout ce qu’elle rencontre, qui la
peut soustenir sur l’eau ; luy
respondit par la mesme voye, en
sorte qu’il cogneut, que si son
corps estoit captif son ame ne
l’estoit pas, puis qu’elle luy parloit en des termes plus libres
qu’elle n’auoit iamais faict. Ces
estincelles firent vn grand feu
dans l’esprit de Procore : si bien
que continuant à luy escrire, il
tafchoit fort à la disposer à sor-

tir d'esclauage, tant que ses lettres se tindrēt dans la modestie, & dans les bornes des consolations qu'vn frere peut donner à vne sœur affligée, elles furent les bien venuës; mais depuis qu'il commença à s'emanciper en des conseils contraires à l'honneur, & à faire cognoistre par vne puante fumée, que le feu qui le consommoit se proposoit vne fin illegitime, la genereuse femme luy fit sçauoir, qu'encore qu'elle fust dans vn enfer de tourmens, neantmoins elle estoit si fortement attachée à son deuoir, que le recouurement de sa liberté ne l'en pourroit iamais diuertir, qu'elle ne voudroit iamais que ce qu'elle pourroit, & qu'elle ne pretendoit iamais rien pouuoir ny vouloir que ce qui seroit loisible. Procore iugeant bien qu'il auoit trop parlé, luy escriuit auecque mille submissions, luy demandant mille pardons, & par des protestations solennelles, l'asseurant que si sa plume auoit faict des glissades, ses intentions auoient tousiours esté fort saines, & ses desirs fort iustes, n'ayant autre dessein que de l'espouser, au cas qu'Agesilas, qui estoit desia bien auancé en âge, vint à mourir. De ceste façon il r'asseura vn peu l'esprit effarouché de ceste vertueuse femme, laquelle eust plustost choisi la mort que de contreuenir au moindre point de sa reputation. Mais le mal-heur ne l'auoit pas encore abbaissée à la derniere periode des desastres, il ne restoit que ce dernier traict pour acheuer le tableau de son infortune: Cet Argus qui la gardoit auecque tant d'yeux voyant roder assez souuent Procore par Castelfranc, & n'ignorant pas la recherche qu'autrefois ce ieune Gentilhomme auoit faicte d'Engrace, se douta qu'il n'y eust encore quelques feux cachez sous la cendre; si bien que redoublant ses espies & sa diligence, il euenta quelques pratiques secrettes, & pour le faire court quelques-vnes des lettres de Procore tomberent entre ses mains, voila le procez par escrit tout faict à Engrace; elle eut beau luy dire qu'elle les auoit receües au temps que ce Gentilhomme la recherchoit, le tissu dementoit ceste excuse,

& plus elle se vouloit iustifier plus elle se rendoit coulpable. Agesilas iette le feu par la bouche contre elle, & la resserre si estroitement qu'à peine pouuoit elle voir l'air; & pour donner la chasse à Procore, il arme tant de gens, que cestui cy pour euiter le danger qui le menaçoit, se retire à Barcelonne auprès de Lascaris, où il eut tout loisir de regretter sa mauuaise conduitte. Enfin ne pouuant ny mourir d'ennuy, ny viure en cet estat languissant, il tascha de se diuertir par plusieurs voyages, aux frais desquels fournissoit le fidelle Lascaris; il fit vne ronde par l'Espagne, visitans le Royaume de Valence, celuy de Murcie, de Grenade, la Prouince d'Andalusie & la fameuse

Cité de Seuille, le Royaume de Portugal, & la grande ville de Lisbonne, celuy de Gallice & la deuotion de Sainct Iacques en Compostelle, de là par les Asturies & le Royaume de Léon, il vint fondre en Castille & se rendit à la Cour à Madrit, d'où, apres y auoir sejourné quelques temps, il reuint par l'Arragon, Sarragoce & Lerida rejoindre Barcelonne, aussi peu guery de sa passion que quand il estoit party, verifiant de ceste façon le mot de cet ankien;

Qu'on a beau vaguer par les mers
Et rouler par tout l'vniuers
La passion ne se dechasse
Encor que l'on change de place.

Il ne peut s'empescher de faire vne course à Castelfranc, où il ne parut pas plustost, que toutes les frenesies, dõt la jalousie à de coustume de broüiller vn esprit entrerent en celuy d'Agesilas, qui se prepare à vne nouuelle guerre. Ce qui fut cause que Procore se resolut d'aller en Flandres chercher dedans les armes, ou vne couronne d'honneur, ou vn glorieux tombeau, & mesme de voir si cet Ancien auoit bien rencõtré, qui disoit, que le remede de l'Amour, estoit le temps, sinon la mort. Lascaris le met en equipage, & bien qu'il le vist esloigner à regret, il estoit si parfaict Ami que pour le contentement de Procore, il mettoit sous le pied tous ses propres interets. Il ne-meura deux ou trois ans en ce voyage, où il se porta si vail-lamment, que selon la discipline militaire des Espagnols, que l'on ne peut nier estre fort bonne; il estoit sur le poinct d'entrer en des charges honorables, quand les nouuelles de la mort de son pere, que Lascaris luy fit sçauoir, le rappellerent à Vicq, où mesme il treuua son Ami retiré depuis la mort de son Beaupere. Là se renouuella & renoüa de plus fort leur ancienne amitié, que l'on peut mettre iustement entre les plus memorables de nostre siecle, Procore entra dans l'heritage paternel, qu'il treuua grand par l'espargne, de son pere; aussi dit-on qu'il n'est rien de tel que de succeder à vn auaricieux. Le voyla dans l'opulance. Lascaris qui ne demandoit que de l'arrester, luy proposa aussi tost diuers partis, tant à Vicq qu'à Barcellonne, desquelles il pourroit encore tirer de grandes cómoditez pour amplifier sa fortune, & mesme vne parente de sa femme, Ignez qui auoit des beautez capables d'arrester vn image qui n'eust point esté occupé, cóme l'estoit encore celuy de Procere, vne si longue absence, & vn si sanglāt exercice que celuy de Mars, n'ayant pû effacer de son esprit l'Idée d'Engrace, tous les Espagnols ainsi que les Italiens sont opiniastres en leurs amours cóme en leurs haines. Il ne fut iamais au pouuoir de Lascaris de l'embarquer à auucune recherche, parce qu'il protestoit tousiours, que celle qui auoit eu ses premieres affections les emporteroit dans le cercueil, la vieillesse d'Agesilas le tenoit tousiours en esperance d'espouser Engrace aussi tost qu'elle seroit vefue de ce Chevalier; mais le Ciel qui dispose souuent les choses au rebours des propositions humaines, le frustrera de ses vaines attentes, & la mort luy fera cognoistre qu'elle espargne aussi peu les ieunes que les vieux. Quinze ou seize ans se passerent en ceste opiniastreté qu'il auoit contre le mariage, & ce qui l'amusoit, c'estoiët les secrettes intelligences qu'il auoit auec Engrace, & les promesses reciproques qu'ils se faisoient de se marier ensemble, aussi tost qu'Agesilas auroit les yeux clos du dernier sommeil, Durant ce temps là elle eut encore quelques enfans de ce vieillard; enfans!

fans, qui au lieu de seruir de lien à leur amitié, & d'adoucir ce cœur barbare, ne seruoient qu'a augmenter ses ombrages & ses deffiences, bien qu'il tint ceste pauure femme plus estroitemét recluse, que ne l'estoit Danaé, sous la tyrannie d'Acrise.

HIACINTE.

LIVRE QVATRIESME.

ASCARIS aussi eut plusieurs enfans de son mariage auec Ignez, lesquels auançans en âge, descouuroient tous les iours des nouuelles beautez, & d'esprit & de corps. Entre les autres il eut vn fils appellé Gastan, & vne fille nommée Dirifelle, qui furét des parangons de bonne grace & de gentilesse.

S ij

La grande amitié qui estoit entre Lascaris & Procore, faisoit que ces enfans qui ne voyoient que par les yeux de leur pere, honoroient si respectueusemét, & aymoient si tendremét Procore, que vous eussiez dit que leur pere ne les auoit mis au monde, que pour succeder aux affections qu'il auoit pour ce cher Ami: Procore qui n'estoit pas de marbre, ressentoit si fort ceste bien-veillance enfantine, qu'il les auoit tousiours pendus à son col, & sans cesse par de petits presents, comme par des chaisnes inuisibles, il captiuoit leurs volontez; de sorte que ces enfants ne pouuoient durer sás luy, ny luy viure sans eux. On le pouuoit en quelque maniere comparer à ces chappons qui meinent des poulsins, & en sont aussi empressez que les meres poules. Procore auoit desià lors plus de quarante ans, & ces ieunes enfans n'estoiét encore que de neuf à dix ans, & c'estoit vne merueille de voir comme il se ioüoit auec eux, & contrefaisoit l'enfant pour s'accommoder à la petitesse de leurs esprits. Ie dis ces simplicitez, parce qu'elles furent semblables au grain de Seneué si petit en apparence, & qui pousse par apres vn si grãd arbre que les oiseaux s'y perchent, & les animaux de la terre se mettent sous l'ombrage de ses rameaux. A quelques années de là, la pauure Engrace qui ne viuoit que de souspirs & ne se repaissoit que de larmes, apres auoir souffert auec vne patience incroyable tous les mauuais traitemens, qui se peuuent receuoir d'vn mari, cruel & impitoyable, fut contrainte, accablée de tant d'ennemis, de s'abbatre sous l'effort d'vne maladie qui enfin trácha le fil de ses iours & la coucha dans le cercueil. De combien differente façon ceste mort toucha elle le farouche Mari, & le deplorable Procore, celuy-là s'en resiouït, comme deliuré du faix d'vne jalousie insuportable, cestui-cy voyant greslée la moisson de ses esperáces, s'abandóna à vne telle douleur, que sans l'assistance & les consolations de Lascaris, il eust suiui Engrace dans le tombeau. Agesilas ingrat, de tant de faueurs & de plaisirs, qu'il auoit cueillis dans les beautez que la mort auoit mises sous la terre, comme mesprisant l'extraction de sa defuncte femme, ne daigna en faire les funerailles conformes à sa qualité, & peut-estre en cela contentoit-il moins sa vanité que son auarice. Surquoy vn Poëte, comme fauorisant la passió de Procore, fit des vers dont la corruption est enclose en ce

SONNET.

LOVANGE FVNEBRE.

Passant tu ne dois pas t'esbahir
 dauantage
De voir ce triste corps qu'on porte au monument,

Auec si peu de suitte, en si pauure
 ornement,
Encor qu'il meritast vn plus
 haut equipage.
D'autant que ses Amis le iour de ce
 dommage
Ressentirent au cœur vn tel saisissement,
Qu'a chacun en resta priué de sentiment
Presque pres de la suiure en ce dernier voyage.
Si l'on n'a point voulu que l'on sui-
 uist son corps
Auec pompe funebre ainsi qu'on
 fait les morts,
Suiuant ces appareils dont se plaist
 le vulgaire.
Sa vertu luy a fait vn conuoy bien
 plus beau,
Car le flambeau du Ciel luy sert de
 luminaire,

Liure Quatriesme.

Et les Anges esleus la portent au tombeau.

Il y en eut vn autre, qui pour exprimer l'extreme ioye que fit paroistre Agesilas sur son visage en ceste perte fit vne Poësie, qu'il intitula L'ANTI-ORPHEE qui a esté mise en ces

---

STANCES.

O Favorable Mort qui m'ostes du Martyre,
Et des prisons d'Hymen où l'estois arresté,
Hier tant seulement on oyoit que ma Lyre
Sonnoit la seruitude, or' la liberté.

Mon cœur vœuf de souci leue ta sentinelle,
La mesfiance morte est & le tourment secret,
Ie laisse à ses parens la souuenance d'elle.
A qui fait plus de perte en fasse le regret.
Toy qui portes au chef la couronne de flame,
Qui presides autour des esprits de là bas.
Ie ne viens pas icy pour retirer ma femme,
Mais bien pour te prier de ne la rendre pas.
Retiens la pour iamais en cet obscur repaire
Pour augmenter le mal des esprits tenebreux:
Car il n'est rien plus vray qu'vne femme peut faire

D'vn luisant Paradis vn Enfer
langoureux.
Si ie blasme Pluton la race femi-
nine
Ainsi que le fleau de la terre &
des cieux,
Ie croy que tu n'as point enleué
Proserpine
Que pour rendre l'Enfer encor
plus odieux.
Sortez fascheux mortel, par qui la
noire enuie
Semoit dedans mon cœur vn
langoureux discord,
Si ie fus onc tenu aux appas de la
vie,
Ie me sens maintenant redeuable
à la mort.
Pour r'auoir celle là que ta barque a
passee,
Caron ie n'ay vers toy ce voyage
accompli,

Ie viens au fleuue noir de ma peine passee
Noyer la souuenance auec l'eau
 de l'oubli.
Fais donc sortir ma lyre, vn doux
 chant d'allegresse,
Echo resiouy toy de cet euéne-
 ment,
Ce qui fut d'autresfois cause de
 ma tristesse,
Soit ore le suiet de mon contentement.
En tant & tant de mois, de momens
 & d'années,
I'ay eu sous cet Hymen deux bons
 iours seulement,
Et pour vous expliquer ces deux
 bonnes iournées,
C'est celle de la nopce & de l'en-
 terrement.
Flambeaux dans ceste Eglise eslan-
 cez vostre flame,

Et vous funebres voix animez
vos accords.
J'ayme mieux despenser à prier
pour son ame
Que ioüyr des plaisirs que m'apportoit son corps.
Fuyez pasles couleurs, fuyez de mon
visage
Chagrin, soucis, ennuis, d'un cœur
triste & jaloux,
Mes yeux prenez icy des pleureurs
à loüage,
Quand vous rirez pour elle ; ils
pleureront pour vous.
He ! donc puis que le Ciel tant de repos m'enuoye
M'ayant de seruitude en franchise rendu,
Mes yeux ne pleurez plus, ou
bien pleurez de ioye,
Car ie reçoy du gain de ce que i'ay
perdu.

Mais laissons là cet impitoyable, lequel faisant sa liesse de la mort d'autruy, qui a de coustume de ietter de la douleur & de la compassion dans les cœurs les moins sensibles, & nous retournant vers le desolé Procore qui n'a point assez de deux yeux pour pleurer ce trespas. Mais pour ne m'enbarquer sur ceste mer de larmes & de plaintes, ie me contenteray d'emprunter deux traits de pinceau de deux Muses Italiennes, pour peindre quelque crayon de ces regrets. Voicy le premier

---

MADRIGALE.

A ME non riede Aprile,
Sua dolce primauera à me
nen torna

*A me non ride il prato, à me non
s'orna
Di frondi il bosco, e'l Rosignuol
gentile
Per me non tempra maï
Le sue voci canore :
Per me del sol i raï
Del profondo Occean non escon
fuore;
Splend' egli à viui, io son morto,
& sepolto
Nel duol, poïche Madonna il
Ciel m'ha tolto.*

Il dict que rien ne luy plaist de tout ce qui est au monde, ny le Soleil mesme qui faict tout voir, depuis que le Ciel luy a enleué le seul objet qui contentoit sa veuë. La seconde piece funebre dict que toutes les perfections estant enseuelies auec Engrace, les Graces l'ont pleuré, les Muses souspiré, & que la flamme de l'Amour s'est changée en glace. Les Vers sont beaux, & d'vne manifeste veine.

SONETTO.

Hor' haï ben tu d'ogni bellezza il fiore
Reciso: hor' hai ben tu fera fatale
Estinto il sol d'ogni belta mortale,
Rotto lo specchio del verace honore.
Quanto il Ciel ride, e'l mondo hebbe splendore,
Tutto Madonna, onde gia scese, hor sale
Seco ne porta; è lascia in aprir l'ale
Di sue

*Di sue ricchezze impouerito
Amore.*
*Deposto haï bella Donna il caro im-
paccio
De le tue spoglie in picciol marmo
chiuse,
Per alzarti più leue al ciel vo-
lando.
Ben ne volasti al ciel lasso; ma
quando
Volasti, io caddi, Amor diuenne
vn ghiaccio
Pianger le Gratie, e sospirar le
Muse.*

Si grand fut le deluge de l'affliction, qui pensa engloutir la
raisõ du miserable Procore, que
Lascaris n'apprehendoit rien
tant que de le voir finir dans vn
furieux desespoir. Il erra quelques iours vagabonds parmy les
bois & les montagnes, gemiſ-

T

sant son desastre comme vn passereau solitaire, & encore parmi tant de pleurs, qui comme des torrens couloiét sās cesse de ses yeux, il pust esteindre l'ardeur qui le consumoit, vne fois il disoit aux rochers, cóme s'ils eussét eu des oreilles, que la mort ayant esteint la lumiere du flambeau de son Amour, luy en auoit laissé la chaleur en l'ame, ce qu'il exprimoit par ces Vers qu'il auoit apris sur le riuage de Tesin.

MADRIGALE.

Dvnque del mio bel Sol la luce pura
Eterna nube oscura:
Amor dunque tal forza

Ha morte nel tuo regno è di natura,
Che quãto à moi ne date ella ne fura?
Ma s'el chiaro splendore
La dispietata ammorza
Non ammorza l'ardore,
Che qual fu ne' begli occi, è nel mio core.

A la fin le cher Pilade de ce furieux Oreste eut tant de pouuoir sur só esprit par ses prieres, que de le ramener à sa maison, pour apres le faire reuenir à la raison. Au commencement il ne vouloit souffrir qu'aucũ onguent de consolation s'appliquast aux playes de son incomparable detresse, estimant qu'il feroit tort au beau sujet de sa douleur s'il en rabbatoit vn seul point. Au contraire vous eussiez dict qu'il se seruoit du souuenir de la cendre d'Engrace pour nourrir & entretenir son feu; ou bien pour enterrer toutes ses passions auec ceste chere morte, pour dire auec ce Poëte Toscan.

SONETTO.

Quel foco, onde'l mio cor fiamma si pura
Trasse, e pace trouò d'ogni sua guerra,
Colpa di lei, ch'ogni sereno oscura,
Cenere è fatto, è breue marmo il serra.
Ma se'l mio bene, il mio thesor mi fura
Inuida morte, e'l cela, oimé! sotterra:
E s'al mio pianto, al mio pregar

s'indura
La felice, che'l copre, auara
 terra.
Pur da' lumi, che spenti i piango e
 cheggio
Maggior sento l'incendio; è lo
 splendore
De l'estinta mia face ancor vâ-
 gheggio.
Cosi colei di cui gia visse il core
Nel cor mi viue; & nel suo cener
 veggio,
Te, con le Gratie, in ceneri to Amo-
re.

Et comme si son feu eust esté semblable à ces artificiels, qui bruslent plus viuement dans les eaux, vous eussiez dict que la mort au lieu d'amortir auoit redoublé sa flame, & que les yeux d'Engrace assoupis par le sommeil du trespas, dardoient encore sur son cœur d'aussi vifs brandons qu'ils faisoient estans en vie, pouuant chanter auec la Muse Toscane.

MADRIGALE.

Amor deh, che non togli
  Dagli occhi tuoi la benda,
Perchè da lor più largo il pianto
  scenda?
Forse non la disciogli
Perche s'offrir non sai,
Spenti mirar di que' bei lumi i
  rai?
Mira gli pur, che spenti
Non son men chiari ancor, ne meno ardenti.

Il passa quelques annees dans vne humeur sombre & melan-

colique, qui le rendit si farouche & peu sociable, qu'il n'auoit
rien tant en horreur que les paſ-
setemps & les compagnies, &
sans les exercices de pieté auſ-
quels il s'adonna, il estoit pour
tomber dans vne frenaisie de-
seſperee. Quand on luy parloit
de mariage, c'estoit le tuer, il
protestoit de n'espouser iamais
que le tombeau d'Engrace, &
que iamais femme n'auroit de
part auec luy. La tristesse qui le
rangeoit le rédit vieux, & chenu
auant terme, le poil luy deuint
si blanc, qu'il n'y auoit celuy qui
ne luy eust dóné beaucoup plus
d'aage qu'il n'auoit, le teinct luy
deuient jaune, les yeux enfon-
cez, en somme il ne sentoit que
le sepulchre, & on l'eust pris
pour vne de ces ombres qui ro-

dent autour des corps trespassez. Aussi, sur l'opinió qu'il auoit de mourir bien tost, il fit son testament, auquel il fit Gaston & Doristelle enfans de Lascaris ses heritiers vniuersels. Ils estoient desia sortis de l'enfance, & arriuez dans l'adolescence, celuy-là s'estant rendu si accompli en tous les exercices conuenables à vn Gentil-homme, & celle-cy si vertueuse & si belle, que comme deux roses espanoüies ils remplissoient de bonne odeur toute la Cité de Vicq & tous les lieux du voisinage; principalement Doristelle dont les graces estoient si admirables qu'elle emplissoit tous les hommes d'amour, & toutes les filles d'enuie. Helas! tout le soulagement que tiroit Procore dans sa melancolie estoit autour de ces creatures innocentes, ausquelles voyant reuiure vne image des beautez d'Engrace, & renaistre son amy Lascaris, & comme reuenir en so aage plus florissāt, il prenoit quelque contentemēt en ces obiects, si vn homme se peut consoler accablé de tant de desastres. Desia Doristelle auoit attaint le temps qui rend les filles nubiles, temps que les peres doiuent soigneusement mesnager. Procore qui l'auoit faicte son heritiere, & qui se vouloit autant qu'il pourroit ressentir de tant de despences, que Lascaris auoit soustenuës pour luy, durant qu'il estoit encore fils de famille, entreprit de marier ceste fille, & de luy donner sa dotte, voyant son amy chargé d'assez d'autres enfans. Parmy le grand nombre de Poursuiuans, que ceste beauté attiroit à sa recherche, il y eut vn ieune Gentilhôme de la ville de Manreze, appellé Hiacinte qui fut le mieux veu de tous, non seulement de Doristelle, qui par vne secrette sympathie tourna son cœur vers luy, aussi tost qu'il eut attaché ses yeux sur elle, mais encore de Lascaris & d'Ignez, & plus que d'aucun estimé de Procore. Ce braue Cheualier auoit appris les exercices de Cheualerie à Barcelóne auec Gastó, & par l'amitié qu'il auoit contractée fort estroitte auecque le frere, ils eut accés à la sœur, dót ils n'eut pas plustost apperçeu le visage, qu'il en deuint ardamment espris. S'il ayma il fut aymé, si les

Livre Quatriesme. 299
parens de la fille l’aggreerent, les siens consentirent aussi tost à la recherche honorable qu’il desira faire de Doristelle, les facultez estoient esgales, les naissances aussi, les volontez des Amans conformes, & le concours de celles de tous les parens si vniuersel, qu’il sembloit que le Ciel & la terre aspirassēt à ceste alliance. Procore appelloit desia Hiacinte son beau-fils, parce qu’il auoit comme adopté Doristelle & Gaston, & ordinairement il les nommoit ses enfans. On estoit sur le poinct de faire les accords, auec vn contentement des parties qui ne se peut exprimer, & vne joye de Gastō qui n’estoit pas petite, voyant qu’il alloit auoir pour beau-frere le plus cher de ses amis. Do-

ristelle animée de la viue allegresse, qui de só cœur reiallissoit sur son visage, paroissoit auec de telles beautez, que l'Aurore ne la regardoit qu'auecque honte de s'en voir surmontee. Ah! combien il est vray que sur la mer du Monde aussi bien que sur l'Occeá, les calmes profonds sont à la veille des plus horribles tempestes. Qui penseroit à ce que ie vay dire; Procore qui estoit vne vraye image de la mort, & dont les yeux auoient perdu tout autre vsage que celuy de pleurer, enfin fit naufrage à ce bel escueil, & pour ne tenir point mó Lecteur en suspés, deuint amoureux de la simple Doristelle. Entre aymer & perir il n'y eut en luy aucune interualle. Neantmoins l'âge luy

ayant donné assez d'experience
& de pouuoir sur soy pour cacher son mal, il le dissimula tant
qu'il pût, estimant qu'il falloit
que par la prudence & la ruse il
arriuast au but, où il ne pouuoit
paruenir à cause des defauts que
les ans trainent necessairement
auec eux. Le premier stratageme dont il se seruit, ce fut de differer ces accords, tantost alleguát la ieunesse des parties, trop
peu iudicieuses pour estre mises
en mesnage, tantost faignant
que ses affaires estoient embroüillées, & qu'il luy falloit du
loisir, pour mettre ensémble la
somme qu'il vouloit donner en
mariage à Doristelle. Cepédant
les ieunes Amans languissans
parmy leurs desirs, souspiroient
apres le terme qui deuoit mettre

fin à leurs douces inquietudes. Comme Procore ayant vne passion dans le cœur, qui n'est agreable qu'en l'aage voisin de l'enfance, taschoit de se reueiller de cet engourdissement qui l'auoit tenu si long temps assoupi, & de se raieunir comme l'aigle & le serpent; Il deuient plus poli & plus propre qu'auparauant, il s'habille mieux, mesme il se pare & se mire, peu à peu il faict par artifice cháger de couleur à sa barbe, le ris se met dans ses yeux, les bós mots en sa bouche, au lieu des larmes & des sanglots qui y souloient loger. Il reprend la guiterre & la musique, & comme vn serpent engourdi de froid deuant l'Hyuer, s'estend aussi tost qu'il sent les premieres chaleurs du Printéps,

Liure Quatriesme. 303

ceste ardeur nouuelle qui le picque, luy dóne des façós emmiellées que tout le monde admire : mais nul ne cognoist la cause de ces offices. Vn iour en la presence de Doristelle, qu'il appelloit par mignardise la belle petite, il recita ce Madrigal Italien, exprés pour n'estre pas entendu en souspirant deuant le sujet de sa peine.

MADRIGALE.

Pargoletta è colei
    Ch'accende i desir miei,
E Pargoletto Amore
Che mi saetta il core.
Ma nel' amma io sento
E gran foco, è gran piaga, è gran
    tormento.

Vne autrefois qu'il estoit en sa belle humeur, il exprima ses pensées en vers Espagnols, qui se rapportent à ces François.

SONNET.

Laissez moy desormais ennuyeuses pensées,
Et vous fascheux obiects qui courez sans rigueur,
N'allez plus repassant au trauers de mon cœur
Les fantosmes errans de mes Amours passées.
Ce grand Demon qui tient nos ames enlacées,
De qui nous receuons & plaisir & langueur,

Par

Par un autre suiet de moy se faict
 vainqueur,
Dissipant d'un regard mes peines
 amassees.
Qu'on ne me parle plus des premieres
 Amours
La passion que i'ay en l'hyuer de
 mes iours
A beaucoup plus d'ardeur &
 moins d'impatience.
Las! i'ayme sans sçauoir si ie puis
 estre aymé.
Et le dernier desir dont ie suis en-
flammé
De mes ennuis passez me sert de
 recompense.

Doristelle ayant ouy cés parolles; Par la vie de mon ame, dict
elle mon beau pere (c'est ainsi
qu'elle nommoit Procore) & ie
suis la plus trompee du moude,
ou vous aymez quelque autre

V

chose qu'vn tombeau, le ruzé Châtre qui ne demãdoit qu'vne occasion pour faire entreuoir sa passion parmy les ombres des parolles ambiguës : Il est vray reprit-il, ma belle fille, que j'ayme vn tombeau viuant ; mais s'il est viuant pour mes desirs, il est peut-estre la mort de mes esperances. Non non, repartit la simple & innocente Doristelle, depuis quelque temps vous estes si changé que chacun s'en estonne, il semble que vous soyez resuscité, & croit-on que c'est l'Amour qui reueille ainsi vos esprits. L'Estoile de ma naissance reprit Procoré a donné mes inclinations à ceste passion, elle m'a cousté mille morts en mon âge plus florissant, peut-estre au plus auant me veut elle donner la vie qu'elle m'a desrobée durant tant d'années. Sans doute mon Beau-pere, repliqua Doristelle, vous aymez, mais ne sçauroit on sçauoir qui est ceste honneste qui vous possede. Ha! Procore que les ans vieux vous font de tort, que ce poil grison & ces rides vous doiuent estre tristes, puis qu'elles vous ferment la bouche en vne si belle occasiõ de dire ce qui vous pese sur le cœur. Ca prit lui Doristelle voyant qu'il se taisoit & rioit pour vne liberté que dés sa ieunesse elle auoit prise, luy iette les bras au col, comme pour luy faire confesser la verité par ceste douce & forte gesne. Ha Doristelle, vostre curiosité vous faict rechercher de bien loing ce qui

V ij

est aussi proche de vous que vous mesme, & vous met en peine de rencontrer ce que vous fuirez comme vn serpent apres l'auoir trouué. En fin Procore comme vn Tantale est tous les iours parmy les eaux sans se pouuoir desalterer, bien qu'il soit assailly d'vne soif ardáte. Et la presence de l'obiect irritant son desir, rend sa consideratiõ d'autant plus infortunée qu'il est plus heureux. Vn iour qu'il pensoit estre biẽ seul en sa chambre, Lascaris l'estant allé voir, pour sçauoir quelle fin l'on mettroit à ce mariage d'Hiacinte & de Doristelle, il l'oüit qui sur sa Guitterre souspiroit vn air dont les parolles se peuuent rendre par celles-cy d'vne de nos meilleures Muses.

STANCES.

COMBAT DE PENSEES.

Mon cœur n'augmente point par un nouueau dõmage
Le temps qu'en vain tu as en ay-
mant dependu :
Mais que la sage peur d'en perdre dauantage
Surmonte le regret d'en auoir trop
perdu.
Aussi bien il est temps que l'Amour te
dispense
Des trauaux où plus ieune autres-
fois tu te pleus,
Et qu'un si puissãt Roy t'octroye
en recompense
De l'auoir bien serui que tu ne ser-
uis plus.

Assez as tu souffert estant l’un de sa
bande,
Il faut qu’il laisse en paix ton arriere saison,
Se departant d’un âge où la
raison commande,
Puis qu’il ne sçauroit vivre auecque la raison.
Il est temps que ta flame & ta peine
decroisse,
Il faut que ton esprit se rauisse au
tourment,
Et qu’en fin par essai la franchise
il connoisse
Qu’encor il ne connoit que de nom
seulement.
Que dis-je? helas! i’ay tort de lamen-
ter ma prise,
Puis que si dignement ie me treuue
asserui;
On ne peut sans faillir regretter la
franchise

Depuis que l'on a veu l'obiect qui
m'a raui.
Pourquoy resisterois-je en rompant
mon cordage
Au destin qui m'ayant dans ses
nœuds aresté,
Veut qu'un si glorieux & si digne seruage
Me soit ce qu'à Caton estoit la
liberté.
L'Automne de mon âge est encore
capable
Des passions qu'Amour sçait en
l'ame allumer
S'il ne possede l'heur de se voir
bien aymable,
Il possede l'honneur de sçauoir
bien aymer.
A tort donc ie desire, en vain donc ie
presume
De voir que moy viuant mon feu
puisse mourir,

Et i'ay pour reconfort (si l'ardeur m'en consume)
Que mesme l'Vniuers par le feu doit perir.
Non, Amour, n'esteins point vne si belle flame,
Nourri là dans mon cœur iusqu'à mon dernier iour;
Il me seroit auis que ie viurois sans ame
S'il m'estoit auenu de viure sans amour.
Ton feu donne à mon cœur vne si douce gesne,
Que ie cours volontaire à son embrasement,
Ou si ie suis forcé, ie le suis comme Helene,
Mon destin est suiui de mon consentement.
Bien te priay-ie, Amour, par ta force inuincible,

Et par ce rare obiect mon aymable vainqueur,
Fai luy sentir mon mal ou m'y rends moins sensible,
Et comme dans ses yeux loge aussi dans son cœur.

A vn autre courage que celuy de Lascaris ce chant eut donné bien des pensées, car ne doutant plus que Procore fust Amoureux, il pouuoit craindre que venant à se marier sur ses vieux ans, il ne donnast son heritage (qu'il auoit promis à ses enfans) à sa nouuelle espouse, ainsi que font ces vieillards, qui par vn Hymen tardif & hors de saison, s'auancent d'aller à la mort. Mais ce genereux homme, dont l'esprit desinteressé n'auoit iamais regardé en son amitié que le contentement de son Ami, ne fit aucune reflexion là deſſus, & entrant, il n'eſt plus temps, dit il, de faire le fin, puis que comme l'oiſeau vous venez de vous deſcouurir par voſtre ramage? Quoy donc! vous vous cachez à moy, & en quoy vous ay ie iamais manqué de fidelité quant au ſens, & d'aſſiſtance quant au ſeruice. Procore ſe voyant ſurpris, fit monter à ſon viſage le meilleur & plus ſubtil de ſon ſang, & en cette emotion voyant qu'il n'eſtoit plus temps de feindre; Cher Amy, reſpódit-il, ce n'eſt point la deffiance qui m'a faict vous celer ma langueur, mais la hôte de me voir en l'âge où ie ſuis atteint d'vn nouueau mal, ayant aſſez de mes anciennes playes, ſans les augmenter par des reſſentes; Il eſt vray que la fortune m'a esté fauorable en ceste derniere disgrace, mettant entre vos mains le remede de ma langueur. Ce ne fut point sans estonnement que Lascaris entendit ce propos, & ne sçachant comme expliquer cét Enigme, il suffit de dire que Procore autát enflammé de vergoigne sur la face que d'amour dás le cœur, luy fit entendre que c'estoit des beautez de Doristelle que procedoit la cause de son tourment, auquel il ne voyoit autre fin que le mariage, ou la mort. Qu'auez vous faict, dict Lascaris, & pourquoy auez-vous attendu si tard à me descouurir vostre maladie, ne voyez-vous pas que vous mesme l'auez presque renduë incurable en fauorisant la recherche d'Hiacinte, car ie crains que leur affectió ne se soit renduë si forte que nous ayons de la peine à la rompre, toutefois i'ay tousiours reconnu en ma fille vn naturel si doux, & vn esprit si souple & si obeïssant, que ie croy, que comme elle ne s'est portée à aymer ce ieune Gentil-homme que par ma permission & vostre consentement, aussi elle se retirera de ceste bien-veillance quád ie luy auray commandé de n'y penser plus ; il est vray que vous ayant tousiours porté vne reuerence comme filiale, peut-estre aura-elle de la peine à vous cherir tendrement comme Mary, mais aussi n'estant pas ignorante de nostre ancienne amitié, & de l'obligation que ie vous ay, & elle aussi puis que vous l'auez toufiours cherie comme si elle eust esté vostre fille, ie croy qu'elle se rendra aisement à vos desirs, desquels les miens ne seront iamais separez tant que Dieu me laissera en vie, asseurez-vous donc en cela de mon consentement, & mesme que i'employeray toute mon industrie, pour porter la volonté de Doristelle à condescendre à la vostre, tenāt vostre alliance à autant d'honneur que i'ay toufiours eu de consolation en vostre amitié. Procore fut si rauy d'aise à ceste responce, que les paroles de remerciment qu'il auoit proietté de dire s'esuanoüirent de son esprit, & tarirent en sa bouche, il ne se pouuoit faire entendre que par des larmes de ioye, & des exclamations qui tesmoignoiét assez à Lascaris l'extremité de sa satisfaction. A la fin ils consulterent ensēble des moyés qu'ils tiendroient, pour cōduire au port desiré ce mariage si peu egal. Ils iugerent que ce seroit plus prudemment faict, de descoudre que de deschirer, & de saper & miner ceste affectiō d'Hiacinte & de Doristelle, que de la battre en ruïne tout, ouuertemēt. Lascaris oubliāt qu'il estoit pere pour se monstrer fidelle Amy, prit la charge de dissoudre peu à peu l'intelligence de ces deux Amans, affin que Doristelle rēduë comme vne carte blanche par l'indifference, se rendist susceptible d'affection pour Procore. Et de faict, la premiere fois qu'il vid Hiacinte, il luy dict que quelques affaires d'importance

suruenuës à Procore, l'empeſ-
choient de pouuoir de long-téps
fournir la dotte de Dotittelle,
ainſi qu'il l'auoit promis, & que
pour luy ayant d'autres enfans,
il ne pouuoit pas ſans leur faire tort donner vne telle ſom-
me à ſa fille, ſi bien qu'il ſeroit à propos qu'il ſe retiraſt
à Manroze aupres des ſiens,
en attendant la commodité de
Procore, veu meſme que ſa
fille en vn age aſſez tendre,
eſtoit encore d'vne complexion mince & delicate, & moins
capable des nopces. Et que luy
meſme ne faiſant que de ſortir
des Eſcoles & des Academies,
auoit à ſouhaitter, auāt que s'engager au mariage de ſe rendre
plus inſtruit du cours du monde. S'il eſt vray que le moindre

retardement d'vn bien ardamment desiré est ennuyeux, imaginez vous combien ce renuoy le doit estre à Hiacinte, qui pensoit estre à la veille de posseder les contentemens dont se flattoit son imagination. Comme c'estoit vn Cheualier discret pour son aage & fort respectueux, il ne respondit pas à cela selon le ressentiment de son ame, mais cachant dans sa poitrine vne extreme douleur, il ne repliqua autre chose sinon, que les volontés de Lascaris & de Procore, qu'il reueroit desia comme ses peres, luy seroient des loix inuiolables, & qu'à leur consideration il mettoit contre son sés vn frein à ses desirs. C'est bié, repliqua Lascaris, ce que ie me suis tousiours promis de vostre mode-

moderation, en quoy vous tesmoignez le bon sang d'où vous estes sorty, & que la vertu regne en vostre ame, asseurez vous que si vous attendez auecque patiéce ie ne vous auray pas moins d'obligation de ceste attente, que de l'honneur de vostre alliance. Bien qu'elle me soit bien dure à souffrir, reprit Hiacinte.

Si veux-ie arrester mes desirs
Pour l'Amour de mes desirs
mesme,
Et forcé d'vne loy dont l'Empire est extresme,
Immoler au deuoir ma vie &
mes plaisirs.

Quand Lascaris porta les mesmes nouuelles à sa fille, quelque modeste retenuë qui fust en ce chaste courage, si est-ce qu'elle eut de la peine à ne trahir point

X

par sa contenance le desplaisir qu'elles luy apportoient, mais aussi tost que ce premier mouuement fut passé, la pudeur & la sagesse releuerent son esprit, & la porterent dans l'obeyssance qu'elle deuoit à ses parens, dont les volontez luy estoiét des loix sacrees. Pour raconter les plaintes & les langueurs de ces pauures Amans quand il fallut executer ceste cruelle separation, pour vn terme auquel on ne dónoit autre bout que l'incertitude des affaires de Procore, il faudroit employer trop de temps & de paroles pour en racourcir l'estenduë, nous nous seruirons des rayons de deux Poësies Italiennes que nous mettrons en la bouche d'Hiacinte.

MADRIGALE I.

Giunto è pur Madama il mio
Non sò, se deggia dire,
O partire, ò morire.
Lasso, dirò ben' io
Che morte è la partita
Poi che'n lasciando te, lascio la vita.

II.

Iò parto sì, ma parte
Meco vna sol di me lacera parte:
Meco ne vien la salma,
Teco vimane il cor, la vita, e l'alma.
Hor di te, di me priuo,
S'io parto, ò parto viuo
Donna, dicalo Amore,

Senz' alma, senza vita, è senza core.

Si l'amour donna des angoisses aux cœurs d'Hiacinte & de Doristelle, en ce depart; l'amitié fit ressentir à Gaston des desplaisirs bien sensibles, car vous eussiez dict que ce frere & cette sœur en leur cóncorde estoient en ce continuel debat à qui aimeroit dauantage leur cher Hiacinte, aussi ce ieune cheualier estoit-il si aimable, & pour sa bonne grace & pour ses vertus, que pour ne le cherir point, il eust fallu renôcer à l'humanité. Gaston qui estoit plus libre à cause de sa condition, l'accompagna iusques à Manreze où il demeura quelque téps auec luy. Durant cette absence Procore se sentant deliuré d'vn grád fardeau, & croyant qu'il falloit prëdre cette occasió pour se descouurir à Doristelle & luy faire sçauoir son dessein, faisoit tous les iours de plus en plus l'empressé & le joly au tour d'elle. Mais las! que c'est vne chose sotte & honteuse qu'vn vieillard amoureux; cent fois il eut la bouche ouuerte pour luy declarer cette grande passio qu'il souffroit pour elle, & cent fois la vergongne la ferma: enfin n'ayāt point assez de front, ny de courage pour en venir à cét aueu, il se seruit de Lascaris, dont la volonté estoit en sa main ainsi qu'vne bonté de vie. Lequel ayant tiré sa fille en particulier, & l'ayant esbloüye de la promesse d'vn party incomparablement plus riche qu'Hiacinte, & en la compagnie duqual il l'asseuroit

X iij

de moissonner mille contentemens, l'honneste Amour neantmoins combattant en l'ame de cette vertueuse vierge, & tenant le party de son legitime affectioné ponr Hiacinte, luy fit faire au commencement de la resistance à la proposition de son pere. Mais considerant que c'estoit combattre vne chimere que des'opposer à des termes generaux, pour descouurir le nom du Riual de son Hiacinte, elle se seruit du stratagesme de ceux qui en guerre font semblant de fuir pour attirer l'ennemy dans leur embuscade, & s'en rendre les maistres; car feignant que peut estre sa volonté se porteroit-elle vers le sujet d'où il luy tenoit propos s'il luy estoit connu, estant mal-aisé que l'affection s'applique à vne chose incogneuë. Lascaris qui vit que son obstination se relaschoit, & qu'elle commençoit à se rendre, sans luy déguiser dauantage ses persuasions, luy declara que ce sujet luy estoit si connu qu'il estoit tous les iours deuant ses yeux, & qu'elle en auoit esté aymée dés le berceau, mais auec tant de discretion qu'il n'auoit iamais osé luy manifester ses passiós qu'à l'extremité. La fille ne l'entendant pas, ou dissimulant ce qu'elle en pensoit, l'obligea à luy nommer Procore. A ce seul nom toutes les horreurs qui se peuuent imaginer s'emparerent de son ame, soit pour la disparité des aages, soit parce que l'ayant tousiours regardé comme son second pere, la reuerence de cette qualité venerable l'eust fort esloignée des pensees d'Amour, dont elle ne pouuoit en aucune façon se rendre susceptible pour vn homme qui sembloit auoir plus de besoin de sepulchre que d'vne femme. Elle fut long temps à regarder son pere sans luy parler autrement que par ses pleurs. Lascaris qui connoissoit bien qu'il sacrifioit comme vn autre Iephté, cette fille innocente, au veu qu'il auoit fait de ne rien refuser à son amy, fut esmeu de quelque tendresse main, l'amitié de Procore auoit ietté de si longues & profondes racines en son ame que ce premier mouuement se passa aussi tost à la façon de ces debiles vapeurs que le Soleil resout incontinent qu'il les a esleuées. Il la pressa donc de luy respondre, & elle en deux mots, interrompuë de sanglots & de souspirs, à de telles demandes, dit ellle, la response c'est le silence. A quoy Lascaris iugeat qu'elle rejettoit sa proposition, ma fille, luy dit-il, ie sçais que vostre refus portera le cousteau dans le cœur de mon amy, mais il ne mourra point seul, ie luy tiendray fidelle compagnie, afin que nos ames qui ont esté indiuisibles durant la vie ne se separent point en la mort, vous fléchirez à ses desirs & à nos volontez, & vous accorderez à la parole que ie luy ay donnée pour vous, si vous voulez euiter la qualité de parricide. Ces termes ne firent que redoubler les peines de Doristelle, mais ne tirerent aucune parole de sa bouche, de sorte que son pere fut contrainct de la laisser retirer en sa chambre, où ce qu'elle dict contre son desastre ne fut entendu que des murailles. O vous peres qui violentez les volontez de vos filles, qui gesnez leur liberté pour les ranger à des mariages inesgaux! à quels desespoirs reduisez vous ces chetiues creatures? pourquoy les rendez vous victimes de vos auarices & de vos ambitions? que ne les laissez vous en l'honneste franchise que Dieu leur a donnée? ignorez vous que le vray nœud qui fait les nopces consiste en vn consentement libre & franc; & comme sera t'il franc & libre si vous y meslez de l'oppression & de la contraincte? Aussi tost que Doristelle eut vn peu soulagé son cœur par ses plaintes & ses regrets, aussi tost elle mit la main à la plume pour aduertir son Hiacinte de la trahison que l'on brassoit à leur amitié, & du dessein que Procore auoit de l'espouser. Helas! en quel estat cette lettre trouua t'elle le triste Hiacinte, l'absence de son Astre l'auoit reduit dans les tenebres d'vne si profonde melancolie qu'il en estoit deuenu en langueur, & telle langueur que les Medecins qui en sceurent la cause, declarerent aux affligez parens qu'il estoit en danger de perdre la vie, en deuenant eticque s'ils ne terminoient son Amour par le mariage. Gaston qui l'aymoit vniquement, eust pensé offenser son amitié s'il l'eust abandóné en vn estat si deplorable, & certes la presence de cét amy fidelle ne seruit pas d'vn petit liniment à ses desplaisirs, parce que versant au sein de

Gaston ses regrets & ses larmes, cestuy-cy tafchoit par tous moyens d'adoucir son amertume en soustenant son esperance par des suaues consolations. Les parens qui aimoient cét enfant, cóme la prunellle de leurs yeux, se resolurent à quelque prix que ce fust de conclurre ces nopces, & de se contenter des promesses de la debte, remettant à la toucher quand l'estat des affaires de Procore le pourroit permettre. Cóme ils estoient en cette disposition la lettre de Doristelle arriua, qui fut remise toute cachetée entre les mains d'Hiacinte, combien de fois la baisa t'il auant que de l'ouurir ? ô papier estois-tu point composé de cette toile incombustible qui vient des Indes, Puis que tu resistas à tant de flammes, mais il ne porta pas bien loing la penitence de tant d'idolatrie, quand l'ayant ouuert il y leut ces paroles.

LETTRE DE DORIstelle à Hiacinte.

Que ne puis-je vous enuoyer ma vie dans ce papier, aussi bien que la descouuerte de la plus noire trahison qui se puisse imaginer: sçachez donc, cher Hiacinte, que de Procore de qui i'esperois tout mon aduancement, procede la ruine de nostre alliance, si vous n'y donnez ordre. Luy mesme est vostre Riual qui n'a tasché de vous escarter que pour se mettre en vostre place; il m'a demandée à mon pere, qui m'a donnée à luy, mais ce ne sera iamais de mon consentement tant que vous me conseruerez la foy que vous m'auez tant de fois iurée ; c'est à vous de me tirer de ce labyrinte où nous iette la folie de ce vieillard, qui viuant ayant employé ses plus beaux iours à aymer vne morte ; maintenant qu'il est demy mort, vient cóme vn ombre funeste trauerser la felicité des v...ans. C'est tout ce que ie puis que de vous representer l'extremité de la peine où me met cette recherche extrauagante, vostre deuoir, vostre amour & vostre courage vous feront treuuer les moyens de m'en retirer, si vous aymez encore celle qui pour sa fermeté dementira le blasme d'inconstance, que les inconsiderez donnent à nostre sexe.

Pour vous exprimer l'assaut que ces nouuelles donnerent au

cœur d'Hiacinte, il ne faut que dire ce qui luy arriua. Vne sueur froide s'empara de son front, la pasleur de la mort s'assit sur son visage, les yeux luy tournerent en la teste, les leures luy deuindrent bleuës, & comme il estoit dans le lict appuyé sur son coude, il se laissa tomber sur son cheuer dãs vne telle pamoison qu'on le tint assez long-tẽps pour estre passé, il ne respiroit plus, il n'auoit plus de pouls, on ne cognoissoit plus en luy aucun signe de vie. Gaston qui estoit present luy rendit en ceste occurence des deuoirs admirables, en fin estant reuenu à soy, que ne dit-il contre l'insolence de la fortune qui le persecutoit à outrance, en quis quel sujet il auoit de se plaindre ainsi, veu qu'il auoit toute occasion de se resioüir, puis que ses parens estoient resolus de passer par dessus toutes considerations pour luy donner contentement : helas ! dit-il, quel contentement puis-je esperer apres les tristes nouuelles que ce papier me vient d'apprendre, aussi-tost Gaston fut curieux de le lire, & bien qu'il fust bien estonné de la passion de Procore, si est-ce que la iugeant plus ridicule que considerable. Seigneur Hiacinte, luy dit-il, ne voyez vous pas par cét escrit que si vn vieillard fait le fol il y a vne ieune fille qui est sage, puis qu'elle proteste de perseuerer en la fidelité qu'elle vous a promise, pourueu que de vostre costé vous ne luy manquiez pas de foy. Ha! dict Hiacinte, cher amy, que vous estes ignorant de

la

la legereté & de la foiblesse des filles, ce sont des fueilles qui se remuent au premier vent, & puis elles pensent estre legitimement excusées quand elles disent pour purger leur erreur, qu'elles ont esté contraintes par leurs parens, ausquels elles sont sujettes, & aux volontez desquels elles ne peuuent, à ce qu'elles tiennent, contredire, par la loy de l'honneur & de la bienseance; connoissez vous si peu la constance de ma sœur, reprit Gaston, que cette deffiance puisse entrer en vostre ame, ie n'eusse iamais creu qu'apres tant d'honnestes tesmoignages de son amitié, ce soupçon eust pû trouuer place dans vostre creance. Gaston, reprit Hiacinte, ce n'est pas vne imperfectiõ en l'Amour que le soupçon, si la crainte de
Y

perdre l'obiect aymé n'occupoit vn esprit aimant, ce seroit vn tesmoignage de peu d'affection : je voy bien que vous estes nauré en cette passion, & que vous en parlez comme vn clerc des armes. Mais qui ne doit craindre quand on voit vne ville foible attaquée par des ennemis puissans ? deux rusez vieillards ne peuuent ils pas surprendre aisément l'esprit d'vne fille ieune & inexperimentée? Encore si j'estois en estat d'aller au secours pour m'opposer à leurs menées, & faire bouclier de mon courage contre leurs traits, mais vous voyez l'estat où m'a reduict ma passion, ne me restant plus que le tombeau, si cette recherche passe plus outre. A ce mot la foiblesse le saisit & l'empescha d'en dire dauantage. Mais

Gaston aussi jaloux de la conservation de son amy, que de la foy de sa sœur, dont il auoit esté à tesmoin & caution, iura par la vie de son ame, (serment assez commun aux Espagnols) que tant qu'elle luy battroit dans le corps il ne souffriroit point cette perfidie. Surquoy il prit resolution d'aller à Vicq pour s'opposer au nom de son amy à la recherche de Procore, & de la descrier par tout comme surannée & ridicule. Hiacinte à ce discours luy jetta vn bras au col, & le coniurant par toute leur amitié de luy rendre ce bon office s'il vouloit sa vie, & les parens luy donnerent charge de dire à Lascaris qu'ils receuroiét plustost Doristelle pour belle-fille sans doüaire, puis que c'estoit l'vnique moyen de conseruer la vie à leur fils. Gaston estant arriué à Vicq metant soubs les pieds tous les interests des pretentions qu'il auoit au bien de Procore, pour tenir parole à Hiacinte, s'opposa genereusement à la recherche de ce vieillard, & venant au secours de sa sœur; il fortifia son esprit en la resolution qu'elle auoit prise de n'auoir iamais autre mary qu'Hiacinte. Procore à demy desesperé des mauuaises nouuelles que luy auoit rapporté Lascaris du refus que Doristelle faisoit de l'aymer, & n'ayant pû tirer aucun bon accueil ny aucune parole fauorable de cette fille, depuis qu'elle auoit esté aduertie de sa passion, acheua le comble de son desespoir à l'arriuée de Gaston, voyant redoubler la tempeste qui gresloit ses es perances. Qu'euſt-il fait que ce qu'il fit, qui fut d'eſloigner de Vicq ce Procureur d'Hiacinte qui ſouſtenoit ſi ardemment ſa cauſe, & qui remettoit ſi viuemét l'idee de l'abſence dans la memoire de Doriſtelle; ſous le pretexte d'vne affaire d'importance il fit en ſorte que Laſcaris l'enuoya en l'Iſle de Majorque ſolliciter vne negociation aupres du Viceroy. Cecy fut ſi dextremét coloré que ce ieune Gentil-homme ne ſe pût excuſer du commandement que luy fit ſon Pere: mais auant que de partir, ayant appris qu'Hiacinte eſtoit preſque remis de ſa maladie tant il eſtoit impatient de venir à Vicq opiniaſtrer ſa recherche côtre Procore, il le preſſa d'aduancer ſon voyage, l'aſſeurant de la bonne & ferme volonté de sa sœur tandis qu'il ira en cette relegation. Voyons ce qui aduint à Hiacinte, arriué à Vicq. Bien que Lascaris eust deffendu à sa fille de voir ce ieune Gentilhomme, & de prattiquer auecque luy aucune intelligence secrette, elle creut que puis que son pere se soucioit si peu de son contentement, la voulant immoler aux extrauagantes nopces de Procore, qu'elle deuoit auoir aussi peu de soucy de le contenter. Elle gaigna sa mere Ignez par ses larmes, laquelle fauorisant son Amour pour Hiacinte, luy permettoit de luy escrire, & de le voir secrettement, mais tousiours neantmoins en sa presence. Durant le iour Hiacinte alloit & venoit par la ruë, passant & repassant deuant le logis de Lascaris, pour voir si l'estoile de Donis ne paroissoit point en quelque fenestre. Procore qui auoit plus d'espies sur pied qu'Argus n'auoit d'yeux, & que luy mesme voyoit ces allees & venuës, en estoit en vne jalousie desesperee. La nuict ce ieune gentil-homme faisoit faire des musiques & seriuades, tantost en passant, tantost à quelques maisons de là pour ne donner point de sujet de pleinte à Lascaris, ouy bien à Procore d'augmenter sa frenaisie. A la fin la rage posseda tellement le cœur de ce vieillard aueuglé d'Amour pour Doristelle & de colere contre Hiacinte, qu'il se resolut de l'assassiner. A ce dessein il s'accompagne de quelques braues en resolution de l'attaquer durāt la nuict & le faire mettre sur le carreau.

Mais il arriua au rebours de ce qu'il auoit projetté, & il tomba dans le fossé qu'il auoit creusé à l'innocent : car Hiacinte qui alloit pour brauer & qui se doutoit de quelque supercherie, faisoit armer ses Musiciens, & assisté de quelques ieunes hommes de ses amis, tous bien deliberez lors que Procore vint fondre sur luy auecque ces Braues; il fut accueilly si brauement, que les Braues qui sont des coquins, qui ne font des meurtres qu'en trahison, & ne valent rien pour se battre où ils trouuent de la resistance : se mirent en fuite & laisserent le furieux vieillard tout de mesme qu'vn sanglier qui se voit dans l'enceinte des toiles au milieu des espieux : Il fut aussi tost percé en diuers lieux & porté par terre,

Hiacinte qui ne demandoit que son chastiment & non sa mort, empescha genereusement qu'on ne l'acheuast, estimant qu'il deuiendroit sage par cette saignée, & que ses ardeurs immoderees sortiroient auec ce mauuais sang. Il l'aida à se releuer, l'accusant de temerité de s'estre venu lancer parmy tant d'espées auec des poltrons qui l'auoient abandonné au besoin. Il le fit conduire chez Lascaris dont la maison estoit voisine, & puis il se retira auecque ses compagnons. Les Chirurgiens furent appellez qui iugerent aussi tost que ses playes estoient plus dangereuses pour leur quantité que pour leur qualité, mais que l'aage auancé & la grande perte de sang le mettoient en grand dāger. Le premier appareil estant mis à son corps, il se sentit si foible, qu'il iugea bien que sa folie l'auoit traisné aux portes de la mort, il demanda les remedes de l'ame, ausquels il se disposa en vrayment bon Chrestien, non seulement il pardonna à Hiacinte, mais à tous ceux qui l'auoient blessé, & reconneut que la main de Dieu estoit sur luy pour le punir de sa faute passee, reconnoissant l'erreur en laquelle il auoit croupy si long temps, affectionnant iniustement (bien que sans des-honnesteté) vne femme mariée. Il demanda pardon à Doristelle de l'auoir troublée en ses iustes affections. Laissant au reste par son testament, Lascaris son cher amy son heritier vniuersel, afin qu'il disposast de ses biens en la façon qu'il iugeroit la meilleure. Parmy beaucoup d'actes de penitence & de pieté, il expira, laissant Lascaris en vne douleur inconsolable. Grandes furent les pompes funebres dont il honnora les obseques de ce cher, d'où il vouloit conseruer la memoire au meilleur de son ame, autant qu'il auroit de vie. Nos deux amans par cette mort pensoient estre allegez d'vn grand faix, & qu'il n'y deust plus auoir d'obstacle à leur alliance, mais ils s'en virent reculez plus que iamais par l'implacable haine que Lascaris conceut contre Hiacinte, comme contre le meurtrier de celuy qui estoit vn autre luy mesme, & bien que la grace de ce Sanicule fust de Iustice, veu qu'il ne l'auoit tué qu'en se deffendant; Procore ayant aduoué auát que de mourir d'auoir esté l'aggresseur par l'impetuosité de sa jalousie, si est-ce que le grand credit de Lascaris empescha que ces iustifications ne fussent receuës de la Iustice, & fit vne poursuitte si chaude contre Hiacinte, que pour euiter la' prison, il ne fut pas seulement contrainct de quitter le sejour de Vicq, mais encore celuy de Mareze. Où ira-t'il sinon où l'attire son amitié? Il prend la route de Valence, & delà, s'estant porté au port d'Alicante, il se jetta dans le premier vaisseau qui fit voile en Majorque. Il ne manqua pas d'y rencontrer Gaston à la Cour du Viceroy, qui n'aduançoit pas beaucoup en l'affaire qu'on luy auoit donnée à solliciter ; aussi estoit-ce plustost vn artifice pour l'amuser & le retenir là, que pour

Livre Quatriesme. 349

autre sujet. Il luy apprit de quelle façon Procore s'estoit precipité à la mort, & l'iniuste animosité que Lascaris auoit conceuë cótre luy, bien qu'il n'eust fait autre chose que se deffendre. Tandis qu'ils passoient le temps en cette Isle, où les mœurs ne sont pas moins desreiglées que le climat y est chaud: il arriua que la bonne mine de Gaston donna dans les yeux d'vne Dame appellée Nigella, dont l'intemperance fut telle, qu'encore que mariee, sans crainte de son mary & sans se soucier de la honte du monde, comme vne Phedre impudente, autant qu'impudique, elle poursuiuoit à outrance cét Hippolite. Ce ieune Cheualier qui n'estoit pas si moderé que le fils de Thesee, prenant plaisir en la peine de cette miserable, & faisant vanité de se voir aymé, luy donnoit des occasions d'esperer ce qu'il n'estoit pas resolu d'accomplir, en quoy il se rendoit aucunement complice de la faute de cette miserable. Souuent Hiacinte l'aduertit de prendre garde que cette feinte ne passast en verité, & sans cet aduertissement il est probable qu'à la fin il se fust perdu dans le sein de cette perduë; mais il se contenta des apparences sans en venir à de plus sinistres effects. Mais ces apparences allumerent vn tel feu de jalousie dans l'ame du mary qui n'estoit pas ignorát de la mauuaise volóté de sa féme, & qui n'auoit pas sujet de croire Gaston si téperant qu'apres auoir espié béaucoup de fois les occasiós de les trouuer ensemble pour

Liure Quatriesme 351

les sacrifier en mesme temps à sa fureur, & n'ayant peu les rencontrer, impatient de souffrir dauantage vn affront si sanglant cóme celuy qu'il s'imaginoit estre veritable, il se resolut de se deffaire de Gastó à quelque prix que ce fust, estimát que sa femme ne pourroit eschapper par apres de ses mains, ny euiter le chastiment qu'il croyoit estre deu à son infidelité. Vn iour (tant est aueuglé l'esprit de vengeance) ayant apperceu Gaston dans la place publique, il vint à luy pour descharger vn pistolet qu'il tenoit dans la teste de cét adolescét Hiacinte qui s'en apperceut, se jetta au deuant de son amy, & receut le coup dans le bras gauche qu'il auoit leué pour destourner cette attaincte mortelle, aussi tost de la droicte, mettant la main à l'espee pour enfoncer le Majoricain, il sentit tourner à ses oreilles vn autre pistolet qui luy frisa l'espaule & luy brusla les cheueux: Ha! traistre, luy dit-il, tu m'as manqué, mais ie ne te failliray pas, il fit ce qu'il auoit dit, car luy poussant vne stocade tout au trauers du corps, il luy enfonça son espée iusques à la garde, & ne la pouuant retirer tant le coup estoit grand, il la laissa dans la playe de cet homme qui tomba roide mort sur la place, mettant en mesme temps fin à sa vie, à sa jalousie & à sa trahison. Cette action fut iugee si iuste puis qu'elle ne regardoit que la deffense contre vn vn aggresseur que dans le grand trouble qui s'esleua chacun fit place aux deux amis pour se sauuer parmy la presse

presse des mains des Algaziers qui accoururent incontinent à la proye, car ce sont des oyseaux qui font curée de semblables rencontres. Le mort estant du pays & ayant beaucoup de parents & d'amis parmy les officiers de la Iustice: les deux Gentils-hommes furent conseillez de cháger d'air, & de quitter cette Isle infortunée pour reprendre les brisees de leur terre natale, ce qu'ils firent, se iettant desguisez dans le premier nauire qui cingla vers la coste d'Espagne: De vous dire les immortelles obligations que Gaston reconnoissoit auoir à Hiacinte, pour luy auoir si genereusement sauué la vie, ayant fait de son bras vn bouclier à sa teste, & ayant si vaillamment fait mordre la terre à celuy qui le vouloit meurtrir, il n'est pas necessaire; les plus gentils courages, tel qu'estoit celuy de Gaston, estans fort sensibles à la gratitude. Aussi iura-t'il de s'en reuancher en quelque façon que ce fust, & de monstrer à son amy qu'il ne vouloit vser de la vie qu'il luy auoit sauuee que pour luy rendre seruice. Hiacinte amoindrissant le secours qu'il luy auoit rendu par vne courtoisie ordinaire aux hónestes gens, luy repliquoit que sa vie estoit bien mieux entre ses mains, le coniurant de le fauoriser en la legitime conqueste de Doristelle, puis qu'en l'accomplissement de ce mariage estoit le hault point de son contentement. A quoy Gaston, cher amy, dict-il, il est vray que ie dois la vie à mon pere, mais non pas si glorieusement qu'à vous, car il me l'a donnée sans peril, & vous me l'auez conseruée au hazard de la vostre, & aux despens de vostre sang: sçachez donc que ie me reuolteray plustost de la reuerence que ie dois à mon pere que de me departir de vostre amitié, & que ma sœur, moy viuant, ne sera iamais à personne, ou elle sera à vous; elle est desia vostre, & le sçay de cœur, d'ame, d'inclination & de parole: il faut que nous en voyons les effects; & pour cela ie ne laisseray rien d'intenté. Hiacinte pleurant de ioye, le remercia de ses promesses, le coniurant de luy estre tousiours fidelle & bon amy, & qu'il n'estimeroit iamais sa vie si bien employee que quand il la perdroit pour le seruir. Estant de retour

Z ij

Gaston à Vicq, & Hiacinte à Manreze, cestui-cy trouua qu'en son absence ses parés auoient fait entheriner sa grace touchant le meurtre de Procore. Et Gaston ayant esté bien receu de son pere, quand il vint à luy raconter qu'il tenoit la vie d'Hiacinte en la sorte que nous auons raconté, le visage de cét homme auparauant si serain & si calme, se troubla comme d'vn orage soudain; & armât ses yeux d'estincelles de courroux, & sa bouche de maledictions & d'imprecations: j'aymerois mieux, luy dict-il, que tu feusses demeuré sur la place que de deuoir honteusement l'air que tu respires à la deffense de ton ennemy: mon ennemy reprit le braue Gaston, n'appellez point ainsi Hiacinte, car c'est le meilleur amy que i'aye au monde, & celuy pour qui ie voudrois mourir. Comment mal-heureux, reprit Lascaris, tu te veux donc bander contre moy, & espouser la querelle de ceux que ie haïs à mort. Seigneur, reprit Gaston, ie ne prendray iamais querelle contre vous, car quand vous auriez tort ie veux tousiours vous ceder & en toutes choses, mais pour l'innocence de mon amy en la mort de Procore, outre que sa iustification en est euidente en la grace que la Iustice luy a faite: je la voudrois soustenir contre qui que ce soit, n'exceptant que vostre personne que ie respecte cóme ie dois. Va meschant, reprit Lascaris, si tu ne changes & d'humeur & de langage, ie te feray sentir les effects de l'indignation paternelle, & ce que peut sur vn fils rebelle vn pere irrité: depuis ce temps là il ne regarda plus Gaston que d'vn œil trauersé, & ne luy pouuoit plus dire aucune parolle paisible. Mais il redoubla ses tempestes quand Hiacinte vint à Vicq, ne pouuant plus durer à Manreze sans boire auec les yeux le nectar & l'ambrosie des beautez de Doristelle, dont l'idée estoit si profondément emprainte dans son cœur. Lascaris en deuint comme furieux à la façon des Taureaux quand ils voyent du rouge. Il ne pouuoit souffrir qu'il passast deuant sa maison, ny qu'il allast tournoyant pour pouuoir apperceuoir Doristelle, tantost il enfermoit cette innocente, tantost il la menaçoit de la perdre s'il descouuroit qu'elle eust ou des affections, ou des intelligences auec le meurtrier de son amy, tantost se deffiant de Gaston, il le couuroit d'iniures, tantost il entroit au mesme dessein de donner la chasse à Hiacinte, qui auoit cousté la vie à Procore. Parmy cette fougueuse humeur il fit son testament par lequel il priuoit Doristelle de son heritage au cas qu'elle espousast Hiacinte apres sa mort ; estant resolu de ne consentir iamais à ce mariage durant sa vie : & de plus il des-heritoit Gaston son fils s'il fauorisoit cette alliance, & s'il y prestoit son consentement. Estrange caprice d'homme, renonçant aux biens & aux sentimés du sang, & à la qualité de pere, pour acquerir la vaine reputation d'aimer fidellement vn homme qui en mourant auoit recogneu ses fautes, & pardonné à celuy là mesme que Lascaris auoit en si grande horreur. Qu'arriua-t'il, ce que dit l'escriture, car la verité de Dieu demeure eternellemét, Vn cœur dur & inflexible fera mauuaise fin. Comme il alloit vn iour par la ruë, vn cheual vicieux luy donna vn coup de pied dedans le ventre qui l'offença si cruellemét que dans trois iours il mourut: On le disposa comme l'on pût à bien & Chrestiennement mourir, à quoy il tesmoigna assez de docilité, sinon à pardóner à Hiacinte, lequel vint luy mesme se mettre à genoux deuant son lict, le suppliant de le remettre en sa grace, & de croire qu'il estoit extremement marry du malheur qui estoit arriué à Procore; à quoy il n'auoit contribué que ce que la nature enseigne aux plus vils animaux, qui est de se deffendre. Lascaris s'adoucit vn peu, voyant vne soumission si grande, & dit qu'il luy pardonnoit, mais qu'il le supplioit de s'oster de deuant ses yeux, parce que la playe de son cœur saignoit en la presence du meurtrier de son amy. Hiacinte se retira pour ne l'alterer pas dauantage, mais quelques persuasions qu'eussent les Ecclesiastiques, ils ne peurent iamais faire en sorte que Lascaris rescindast son testament, ny aggreast l'alliãce de Doristelle & d'Hiacinte : il passa en cette sorte en l'autre vie. Mais apres les iours du grand dueil escoulez, les conseils des Legistes porterent que cette clause d'exheredation de Gaston

& Doristelle estoit nulle, comme fondée sur vne haine iniuste, & qui offençoit les loix diuines & humaines. Si bien qu'Ignez, mere de Doristelle, qui auoit des inclinations de dóner sa fille à Hiacinte, & Gaston qui l'en pressoit, se laissa aller aux desirs de ces ieunes amans qui vindrent entre les bras l'vn de l'autre, auecque des rauissemens qui se peuuét mieux imaginer que descrire. O Hymen! que de roses apres tant d'espines, que de ioyes apres tant de tristesses & de trauerses ; qu'ils moissonnerent auec beaucoup de cótentemés ce qu'ils auoiét semé en pleurs. Certes si le ieune Ysaac tempera par ses nopces auecque la belle Rebecca, les douleurs qui l'affligeoient à cause de la mort de sa bonne mere Sara. Doristelle toute enseuelie dans le dueil eut occasion de moderer le desplaisir qu'elle auoit du trespas de son pere par les carresses de son nouuel espoux, lequel aduoüa que iamais il ne l'auoit trouuée si belle que lors qu'elle estoit enuelopee dans les crespes & les voiles de son grand dueil: le Soleil ne paroissant iamais si vif que quand il darde ses rayons à trauers des noires & tenebreuses nuës: ce qui me fait souuenir de ce qu'vne Sirene Toscane a chanté de si bonne grace.

MADRIGALE.

Qual hor candida, e vaga
Soura quel, che la cinge oscuro manto,
Quella man, che si dolce il cor m'impiaga

*Scopre Madama, io del mio duos mi
   vanto,
E dico; ah non risplende
Si chiara mai nel suo notturno velo
Stella d'Amor nel Cielo
Insidioso in tanto
Tra quell' oscure bende
Contra me dolci lacci Amor pur
   tende.*

Gaston quelque temps apres ayant trouué vn party sortable à sa condition, se maria; & amena sa femme de Barcelone où il l'auoit prise, à Vicq. Hiacinte apres quelque sejour en la maison d'Ignez, arracha en fin sa chere Doristelle d'entre les bras de sa chere mere pour la mener à Manreze, selon que Dieu a ordonné que la fille quitte pere & mere pour suiure celuy que le Ciel par son contentement luy a donné pour mary. Les deux amis vesquirent longuement en leurs mesnages benis de Dieu d'vne belle lignée, qui transmettra leurs noms bien auant dans la suitte des aages en la memoire de la posterité. Leur amitié en sa constance & en son egalité ne ceda en rien à celle que prattiquerent Lascaris & Procore parmy tant de troubles & d'orages. Elle fut aussi forte, mais elle fut plus honneste : Et comme elle fut conduitte auecque plus de moderation & de iugemét, elle fut aussi comblée de plus de paix & de benedictions. Selon ce qu'a chanté le diuin Psalmiste.

A ceux qui suiuent Dieu toute paix leur abonde;

Ils ne peuuent choper constamment soustenus,
Quand dessus son salut leur attente se fonde,
Dans la fœlicité on les voit mainte-
nus.

Fin du quatriesme & dernier liure de l'Hiacinte de Monseigneur de Belley.

Extraict du Priuilege du Roy.

PAR grace & Priuilege du Roy, il est permis à Pierre Billaine, de faire imprimer, vendre & distribuer vn liure intitulé, *Hiacinte*, composé par Monsieur l'Euesque de Belley: Auec deffences à tous Imprimeurs & Libraires de ce Royaume, de l'imprimer, vendre, ny distribuer d'autres que de ceux qu'aura fait imprimer ledit Billaine, pendant le temps & espace de trois ans, sur les peines portées par ledit priuilege. Donné à Paris le 13. Auril 1627.

Signé   CHASTEAU.

sur les fueil...
...oit nos destins sur l'or & sur la soye
? nous ignorions toutes sortes d'ennuis
...urs auroiët sans cesse & n'auroiët point de repos

www.ingramcontent.com/pod-product-compliance
Lightning Source LLC
Chambersburg PA
CBHW070436170426
43201CB00010B/1116